STREET CRED

L'ANGLAIS QU'ON NE VOUS APPREND PAS !

(SEXE / INJURES / ARGOT)

« Street-cred », c'est la crédibilité de rue.
En avoir, c'est jouir d'un certain respect dans
un environnement urbain grâce à sa familiarité
avec les codes et les coutumes de ce monde.

Cet ouvrage se propose de vous servir de guide et de vous apprendre à parler comme un pro. De touriste, devenez initié et bluffez vos interlocuteurs en explorant le langage de tous les jours et l'argot britannique et américain.

SOMMAIRE

#1 Les essentiels

FAMILLE

> ***« Le bonheur, c'est d'avoir une grande famille, soudée, attentionnée et protectrice dans une autre ville »***
>
> *"Happiness is having a large, loving, caring, close-knit family in another city."*
>
> Georges Burns

Mom (Am) **/ Mum** (Brit)
Dad Maman, papa

My old lady
My old man (n) Ma vieille, mon vieux

Sorry, I can't make it. I promised my old lady I'd help her with the shopping.
Désolé, je ne vais pas pouvoir venir. J'ai promis à ma vieille de l'aider à faire les courses.

My folks (n) Mes parents

My folks live in Texas.
Mes parents habitent au Texas.

Sibling (n) Frangin/ frangine.

Do you have any siblings?
T'as des frangins?

Baby bro / Baby sis
Li'l brother / Kid sister (n) Petit frère, petite soeur. « *Bro* » et « *sis* » sont des abréviations de « *brother* » et « *sister* ».

Sam's my baby bro, but everyone thinks he's older because he's taller.
Sam est mon petit frère, mais tout le monde pense qu'il est plus âgé parce qu'il est plus grand.

Kid
Rugrat
Nipper
Toddler (n) Môme, Mioche, marmot. « *Toddler* » désigne un enfant qui fait ses premiers pas (« *toddle* » signifie tituber).

Come on rugrats, let's go!
Allez les mioches, on y va!
Are you gonna bring the nipper tonight?
Tu ramènes le mioche ce soir?

Brat (n) Garnement, sale môme.

Little angel? Are you joking? He's a brat!
Un petit ange? Tu plaisantes? C'est un morveux!

Teen (n) Ado (abréviation de « *teenager* »)

Teens. How I hate them.
Les ados. Comme je les hais.

Tween (n) Pré-ado (Fusion de « *between* », qui signifie « entre », et « *teen* ». Une étape intermédiaire)

Only tweens like Katy Perry, surely.
Il n'y a sûrement que les pré-ados qui aiment Katy Perry.

Les Parents Américains

Stéréotypes Culturels

Soccer mom

Cette expression désigne une femme blanche, de classe moyenne, habitant en banlieue. Une épouse et une mère, elle place sa progéniture avant tout. L'expression fait allusion à son engagement familial par le biais des activités sportives (plus précisément le football) auxquelles elle encourage ses marmots à participer. Le stéréotype de la « *soccer mom* » veut qu'elle passe la majeure partie de son temps à programmer les activités de ses enfants et à les y conduire. Terme populaire qui dénote une réalité américaine omniprésente, il a été voté mot de l'année par la "*American Dialect Society*" en 1996 et est totalement intégré dans le vocabulaire de tous les jours.

NASCAR dad

Pendant masculin de « *soccer mom* », le « *NASCAR dad* » est un homme d'âge moyen, blanc, aisé, plutôt conservateur, habitant en banlieue et père d'enfants en bas âge, avec un penchant prononcé pour les courses automobiles du NASCAR, entre autres sports extrêmes.

Stage mom

Dans le monde des arts du spectacle, une « *stage mother* » est la mère d'un jeune acteur, danseur ou mannequin, qu'elle accompagne religieusement à ses auditions. Le terme peut avoir une connotation négative et désigner une mère férocement ambitieuse et persistante qui vit par procuration, à travers le succès de son enfant.

Helicopter parents

Des parents qui planent, comme un hélicoptère, au dessus de leurs enfants et portent une attention exacerbée à leur vie et à leurs problèmes, surtout scolaires. Ultra zélés et très impliqués, ils sont toujours présents, à portée de main, que les enfants aient besoin d'eux, ou pas. Au grand dam des proviseurs, des profs et du personnel scolaire.

LES POTES

> ***« Un véritable ami vous poignarde en face. »***
> *"A true friend stabs you in the front."*
>
> Oscar Wilde

BFF Acronyme de **Best friend forever**. Prononcé « bi effe effe », il signifie meilleur amie(e). L'usage de cette expression est plutôt réservé aux filles.

Me and my BFF are into rock music.

Moi et ma meilleure copine on adore la musique rock.

Best bud Meilleur pote (surtout pour les hommes). *Bud* est l'abréviation de « *Buddy* ».

We're best buds, of course I want you to be my best man!

T'es mon meilleur pote, évidemment que je te veux comme témoin à mon mariage!

Mate (Brit)
Bro
Pal (Am)
Dude (Am)
Buddy (Am) Pote / copain.

Me and my mates are going to play some footie.

Mes potes et moi on va jouer au foot.

Hi bro, how's it going?

Salut mec, comment ça va?

Thanks pal, I owe you one.

Merci mec, je t'en dois une.

Girlfriends Un groupe d'amies. « *Girlfriend* » ne signifie pas seulement « petite amie » : les filles l'emploient en parlant de/avec leurs copines.

I'm hanging out with my girlfriends tonight, don't wait up.

Je traine avec mes copines ce soir, ne m'attends pas.

My peeps
My gang
My crew (n) Ma bande (de potes). « *Peeps* » est l'abréviation de « *people* ».

I'm hanging out with my crew tonight.
Je traine avec ma bande de potes ce soir.

UN GARS / UNE FILLE

> *« Dieu doit aimer les gens ordinaires : il en fait tellement. »*
> *"God must love the common man, he made so many of them."*
>
> Abraham Lincoln

Guy
Dude (Am)
Geezer (Brit)
Bloke (Brit)
Lad (Brit) Gars / type / mec. « *Geezer* » est prononcé « guiseur ».

I know that guy!
Je connais ce type !
See that dude with the red cap?
Tu vois le type avec la casquette rouge ?
What's this geezer doing here?
Qu'est-ce qu'il fait là ce mec ?
Blokes are all the same.
Les hommes sont tous les mêmes.
Let's go lads, we're not welcome here.
On se tire les gars, on n'est pas les bienvenus ici.

Chick
Gal (Am)
Broad (Am)
Bird Nana / poulette / gonzesse. « *Broad* » est un terme plutôt péjoratif, quelque peu vieilli et utilisé par les hommes. Pour le situer, il est aussi respectueux que « poule ». « *Bird* » est un autre terme dont l'usage est réservé aux hommes.

Who's that chick? Do you know her?
C'est qui cette gonzesse? Tu la connais?

She's the gal for me. I know it.
C'est la fille qu'il me faut. Je le sais.

Look at these two broads. I'm gonna go over there and buy them a drink.
Regarde ces deux poules. Je vais aller les voir et leur offrir un verre.

That blonde over there, is she your bird?
La blonde par là bas, c'est ta nana?

Coup de projecteur sur : L'argot à rimes anglais

Notre verlan national pâlit en comparaison avec le « *Cockney rhyming slang* », un argot à rimes très imagé et incompréhensible pour le néophyte : il consiste à remplacer un mot choisi par une expression avec laquelle il rime. Dans certains cas, seule une partie de cette expression (celle dénuée de rime) est employée, rendant la compréhension impossible pour ceux qui ne seraient pas versés dans l'art de ce langage codé.

Par exemple:

Butcher's hook (le crochet du boucher) signifie **Look** (coup d'oeil)
Let's have a look (Allons jeter un oeil) devient alors ***Let's have a butcher's***.

Bread and honey (pain et miel) = **Money** (argent)
Give me the money (Donne moi l'argent) = ***Give me the bread***.

China plate (assiette de porcelaine) = **Mate** (copain)
Here's Tim, my old mate (Voici Tim, mon vieux pote) = ***Here's Tim, my old china***

Rabbit and pork (lapin et porc) = **Talk** (parler)
Are you going to rabbit all evening? (Est-ce que vous allez bavarder toute la soirée ?)

Pork pies (pâté en croûte) = **Lies** (mensonges)
Are you going to tell more porkies? (Tu vas raconter plus de bobards ?)
Dans ce cas, « *pork* » subit en plus une transformation et devient « *porkies* » – de quoi rendre l'expression indéchiffrable.

Voici d'autres exemples de « *rhyming slang* ». Les termes compris entre deux étoiles (*comme ceci*) sont souvent utilisés seuls, sans le reste de l'expression :

Apples and pears (pommes et poires) = **Stairs** (escaliers)

***Loaf* of bread** (miche de pain) = **Head** (tête)

Dog and bone (chien et os) = **Phone** (téléphone)

***Raspberry* tart** (tarte de framboises) = **Fart** (pet)

Oxford scholar (lettré d'Oxford) = **Dollar**

Frog and toad (Grenouille et crapaud) = **Road** (route)

Adam and Eve (Adam et Eve) = **Believe** (croire)

SAVOIR-VIVRE

> **« Qu'il n'existe pas de bain permettant de guérir les gens de leurs manières est une erreur. Mais la noyade aiderait. »**
>
> *"It is a mistake that there is no bath that will cure people's manners, but drowning would help."*
>
> Mark Twain

DIRE BONJOUR

Hello
Hey
Hi
Hiya (Brit)
Yo (Am) Salut

Mornin'! Evenin'! Bonjour ! Bonsoir ! (Forme abrégée de « *Good morning* » et « *Good evening* »)

DEMANDER DES NOUVELLES

Wassup?
Sup?
What up? Ca roule ? Quoi de neuf ?
Not much Pas grand chose

How's it going?
How's it hanging? Ça va bien ?

Fine / Good / OK Ça va
Great Super
Can't complain Peux pas me plaindre.

So so Bof
Not great Pas génial
Been better J'ai eu de meilleurs jours
Same old shit Comme d'hab.
La traduction littérale de cette expression est « même merde que d'hab », à n'utiliser donc qu'avec des potes.

How are you? Comment vas-tu ? / Comment ça va ?
Cette question standard semble être la plus personnelle du lot mais ne vous-y trompez pas, elle ne requiert pas de réponse originale. Un simple « *How are you?* » en retour fera l'affaire. L'expression, souvent échangée en coup de vent entre collègues ou dans des magasins, semble désormais synonyme de « salut ». Ne vous lancez donc pas dans une tirade sur vos problèmes existentiels.

DIRE MERCI

Thanks
Cheers (Brit)
Ta (Brit) Merci

Sure
No probs
No worries
Pleasure
S'alright (Brit) De rien

DIRE AU REVOIR ET FILER

Bye
See ya
Tara (Brit, nord)
Ciao
Laters Salut, A plus

I gotta … go
run
bail
split
fly
jet
make a move
take off Je dois filer / me tirer / me casser

I'm outta here Je me tire

PRENDRE SON TEMPS

I'm … hanging (out)
chilling (out)
bumming around (Brit)
taking it easy
kicking back Je traînasse / Je glande / Je me la coule douce

I'm in no … rush Je ne suis pas pressé
hurry

I'm taking my time Je prends mon temps

ABRÉVIATIONS COURANTES

Ya you

> ***Anyway, how are ya?***
> Bref, comment tu vas ?

Kinda
Sorta Abréviation de « *kind of* » et « *sort of* ».
Ces deux termes peuvent signifier, selon le contexte : plutôt, assez, espèce de, en quelque sorte.

> ***He's kinda cool.***
> Il est plutôt cool.
> ***It's the sorta music our parents used to listen to.***
> C'est le genre de musique que nos parents écoutaient.

Wanna
Gonna
Gotta Abréviations de « *Want to* » « *Going to* » « *Got to* »

> ***Wanna hang out?***
> Ca te dit de traîner ?
> ***It's never gonna happen.***
> Ca n'arrivera jamais.
> ***I gotta see you.***
> Je dois absolument te voir.

Les étranges abréviations anglaises

Elles semblent enfantines, comme échappées de comptines. Mais ces expressions sont utilisées par tous. En voici une sélection.

Telly = *Television* (télé)

Brolly = *Umbrella* (parapluie)

Sarnie / Butty = *Sandwich*

Cozzie = *Swimming Costume* (maillot de bain)

Brekkie = *Breakfast* (petit déjeuner)

Biccie = *Biscuit*

Cuppa = *Cup of tea* (tasse de thé)

Footie = *Football*

Hols = *Holidays* (vacances)

ARGENT

> ***« Si vous voulez savoir ce que Dieu pense de l'argent, regardez les gens à qui il en a donné. »***
>
> *"If you want to know what God thinks of money, just look at the people he gave it to."*
>
> Dorothy Parker

Cash
Dough
Dosh
Bread Blé, flouze, fric

Quid Une livre anglaise. Ne prend pas de « s » au pluriel.

He gave me 500 quid.
Il m'a filé 500 livres.

A fiver Un billet de 5 livres
A tenner Un billet de 10 livres

Buck Un dollar.

This book costs 20 bucks.
Ce livre coûte 20 dollars.

A fin Un billet de 5 dollars
A sawbuck Un billet de 10 dollars
A Benjamin Un billet de 100 dollars (le visage de Benjamin Franklin orne les billets de 100 dollars)

A grand Mille (dollars ou livres anglaises).

L'EMPHASE

BrE	AmE
Fucking	Fucking
Bloody	Freaking
Ruddy	Effing
Bleeding	Frikking
Flaming	
Flipping	

Les adverbes ci-dessus sont des marqueurs d'emphase. « *Fucking* » et « *bloody* » sont les plus courants, également les plus familiers. On utilisera souvent des euphémismes comme « *ruddy* », « *effing* » ou « *flaming* » selon l'auditoire, pour ne pas choquer les oreilles sensibles. Leur sens varie avec leur contexte, comme le démontrent les exemples suivants :

Bill is a* bloody *moron = Bill est un foutu imbécile.
The film was* fucking *awesome = C'était un putain de film.
He's* ruddy *good = Il est sacrément doué.
You're* freaking *funny = T'es vachement drôle
You* flipping *idiot! You scared me! = Espèce d'idiot ! Tu m'as fait peur !

« Tu m'as foutue une sacrée trouille » se traduit d'une douzaine de manières en anglais.

You scared the **living daylight** ***… out of me***

baby Jesus

bejesus

hell

living crap

shit

dickens

« Très » se traduit également d'une multitude de façons.

He's … **super** ***… cool***

uber

really

seriously

way

well (Brit)

Coup de projecteur sur : Ebonic, la langue hip-hop

L'anglais vernaculaire afro-américain (AAVE), également appelé *Black English*, *Ebonics* ou *Jive*, est un argot propre à la population afro-américaine. Ses origines sont débattues (ses racines créoles, par exemple, sont sujettes à polémiques), et il est parfois perçu, à tort, comme un anglais paresseux.
Son usage est très répandu, et beaucoup de termes qu'on trouve dans la musique hip-hop sont issus du langage « *Ebonics* ».

Ce langage a des caractéristiques propres :

Le double négatif est très courant
I ain't seen nothing = ***I haven't seen anything*** = J'ai rien vu

Au présent de l'indicatif, on supprime le verbe être
He ill = ***He is ill*** = Il est malade

L'infinitif « *be* » est l'équivalent du verbe conjugué « *is* » + « *usually* » (d'habitude)
He be lyin = ***He usually lies*** = C'est un menteur chronique

On supprime certains auxiliaires
He bin runnin = ***He has been running*** = Il était en fuite

On prononce certains mots différemment
« *This* » est prononcé « *dis* », « *them* » est prononcé « *dem* », « *my* » est prononcé « *mah* »

EXEMPLE : **Can't nobody tink de way he do.** = ***Nobody can think the way he does.*** = Personne ne peut réfléchir comme lui.

VOCABULAIRE : Voici une série de termes rendus populaires par les chanteurs hip-hop depuis les années 90. De nombreux mots « *ebonics* » (dont beaucoup sont parsemés dans ce livre) font maintenant partie intégrante de l'argot américain « standard ».

Dog (ou dawg) (n)	Ami proche
Down (adj)	Partant. Ex : « ***I'm down with it*** »
Fly (adj)	Cool
Fo shizzle	A coup sûr
Crib (n)	Maison (cf MTV Cribs)
Dope (adj)	Génial
Diss (v)	Abréviation de « *disrespect* » (manquer de respect). Ex : « ***Stop dissin' me!*** »
Trippin	Délirer sous l'influence d'hallucinogènes, ou réagir de façon excessive
Hood (n)	Quartier
Spit (v)	Rapper
Bling (n)	Bijoux clinquants
Homeboy (ou **homie**)	Un pote, ou quelqu'un du même quartier
Da shiznit	Vient de l'expression « *the shit* », qui veut dire « *cool* ».
Dead presidents (n)	Argent
My bad	C'est ma faute, ou désolé
Swag (n)	Apparence ou style cool, branché

Coup de projecteur *sur* FUCK & SHIT

« *Fuck* » et « *shit* » sont des mots aussi grossiers que versatiles. Déclinés à toutes les sauces, ils sont pour les anglo-saxons ce que le mot « *schtroumpf* » est aux schtroumpfs : un fourre-tout qui s'adapte à toutes les situations.

We're fucked On est foutu

I fucked him Je l'ai baisé

You fucked up big time T'as vraiment bien foiré ton coup

Mother fucker Fils de pute

Fuck! ou **Fucking hell!** (Brit) Putain ! Bordel de merde !

Fuck you! Va te faire foutre !

Fuck off! Dégage / Fous le camp !

For fuck's sake, be quiet! (Brit) Taisez-vous, bordel de merde !
Une exclamation qui marque la colère ou la frustration. L'équivalent vulgaire de « *For God's sake* » (pour l'amour de Dieu). Cette référence à Dieu peut aussi choquer, et certains diront plutôt « *for goodness' sake* »

Fuck me! I can't believe it! (Brit) Putain! J'y crois pas !
« *Fuck me* » est une exclamation qui se suffit à elle-même et qui marque la surprise.

Fuck knows why he does it Dieu sait pourquoi il le fait.
La version anglaise est manifestement plus grossière que sa traduction française.

I don't give a fuck Je m'en bats les couilles

He's really fucked up Il est dans un sale état

This is so fucked up C'est vraiment tordu / la merde

He's a fucker C'est un connard

I've done fuck-all all day J'ai fait que dalle aujourd'hui

She's fuckable Elle est baisable

What the fuck is going on? C'est quoi ce merdier ?

This is shitty C'est merdique

I feel like shit Je me sens vraiment mal

You're full of shit Tu dis que des conneries / T'es complètement bidon

Get your shit together Mets de l'ordre dans tes affaires

He has the shits Il a la diarrhée

You're in deep shit T'es vraiment dans la merde

I'm gonna beat the shit out of you Je vais te casser la gueule

I don't give a shit J'en ai rien à foutre

No shit Sans blague

I'm not gonna take shit from you Je ne vais pas te laisser me traiter comme ça.

Shit happens C'est la vie.
S'emploie généralement à propos de nouvelles ou d'évènements négatifs. Une expression fataliste, qui implique qu'il faut s'y faire.

She treated me like shit Elle m'a traité comme de la merde

When they learn about it, the shit will hit the fan Ca va chier quand ils vont l'apprendre

He's a shit-stirrer C'est un fouteur de merde

Holy shit Putain de merde

She's shitfaced Elle est défoncée/ bourrée

Et le meilleur des deux mondes : **Fuck this shit!**
Cette expression dénote une colère ou une frustration telle que le locuteur ne veut même plus essayer de résoudre la situation.

STÉRÉOTYPES CULTURELS

De nombreux termes - pour la plupart désobligeants et donc à manier avec précaution - servent à étiqueter les gens en fonction de leur classe sociale.

EN ANGLETERRE

Townie
Chav Racaille. Typiquement, le « *chav* » porte des survêtements de marque (ou des imitations), des baskets, quelques bijoux, une casquette ou une capuche. Le terme s'est quelque peu détaché de son contexte social, désignant plutôt de nos jours un style vestimentaire. Ali G est le « *townie* » type.

Essex girl Une fille du comté d'Essex. Le stéréotype fait référence à une femme blonde, pas très futée, souvent trop habillée et maquillée comme une voiture volée.

Pikey
Scally Voyou.

Scowser Un habitant de Liverpool
Brummie Un habitant de Birmingham
Geordie Un habitant de Newcastle
Ces trois termes sont des surnoms régionaux neutres.

AUX ETATS-UNIS

Yankee Ricain, Amerloque.

White trash Expression très péjorative désignant les blancs pauvres des Etats-Unis.

Trailer trash Expression très péjorative désignant des personnes pauvres habitant dans des caravanes aux Etats-Unis.

Hick
Hillbilly
Red neck Péquenaud, plouc

Wigger Fusion des termes « *white* » et « *nigger* » (ce dernier étant extrêmement injurieux), un « *wigger* » typique est un homme blanc qui habite en banlieue, essaye d'imiter le style hip-hop et de s'intégrer à la culture afro-américaine.

Yuppie Terme péjoratif signifiant jeune cadre dynamique. Vient de « *young upwardly-mobile professionals* ».

Preppie BCBG

#2

L'art de la séduction

DÉCRIRE L'OBJET DE SON AFFECTION

Gorge (adj) Abréviation de « *gorgeous* » (superbe). Canon.

I can't believe how much he's changed. He's gorge!

Je n'arrive pas à croire à quel point il a changé. Il est canon!

Dreamy (adj) Se dit de quelqu'un de très attirant.

Ryan Gosling is so dreamy.

Ryan Gosling est à tomber.

Hot
Sexy
Foxy
Buff (Brit)
Fit (Brit)
Smoking
Blazing (adj) Canon, sexy, bien foutu, bien roulé.

Jay's girlfriend is hot.

La copine de Jay est bonne.

He's well buff.

Il est vraiment bien fichu.

What's your boyfriend like? Is he fit?

Ton copain ressemble à quoi ? Il est bien foutu ?

Your friend Emma is blazing. She's the full package.

Ta copine Emma est canon. Elle a tout pour plaire.

Looker (n) Quelqu'un de séduisant.

Liz is a looker, and she knows it.

Liz est belle, et elle le sait.

Stud
Hunk (n) Homme viril, sexy, beau mec.

I don't like skinny men. I only go out with studs.
J'aime pas les maigrichons. Je sors qu'avec des beaux mecs.
Billy is such a hunk.
Billy est un vrai étalon.

Babe (n) Une fille très sexy.

These girls are babes.
Ces filles sont super sexy.

Sex on legs (adj) Le sex-appeal incarné. Signifie littéralement « du sexe sur pattes ».

This guy is sex on legs!
Ce type est une bombe!

Easy on the eyes (adj) Agréable à regarder.

Jason isn't the brightest, but he's rather easy on the eyes.
Jason n'est pas le mec le plus futé, mais il est plutôt pas mal.

Eye candy A croquer. Quelqu'un (homme ou femme) qui est séduisant et donc un régal des yeux. S'utilise en parlant de quelqu'un plutôt que directement.

There is so much eye candy tonight, I don't know where to look.
Il y a tellement de mecs/filles canons ce soir, je ne sais plus où donner de la tête.

Out of your league Trop bien pour toi (se réfère souvent au physique de quelqu'un). Souvent prononcé « *outta your league* ». La métaphore est sportive, tirée du base-ball américain, et signifie être (littéralement) dans une ligue inférieure à la personne convoitée.

He's clearly outta my league, which means I've got nothing to lose.
Il est clairement trop bien pour moi, ce qui veut dire que je n'ai rien à perdre.

Good from afar, far from good

A monet Belle/beau de loin mais loin d'être belle/beau. Monet est utilisé en tant qu'adjectif pour caractériser une personne qui, comme un tableau impressionniste, doit être vue de loin pour être appréciée. Une insulte, donc.

> ***I thought he was cute, but he's a monet.***
> J'ai cru qu'il était mignon, mais c'est un monet.

Minger (Brit) (n) Laideron, thon

> ***She's such a minger.***
> C'est un vrai laideron.

FAIRE LES YEUX DOUX

Make goo-goo eyes at someone Faire les yeux doux à quelqu'un.

Check someone out
Eye someone up
Give someone the eye (v) Reluquer quelqu'un.

Bedroom eyes (n) Un regard sensuel, une invitation au lit.

Eye sex L'amour avec les yeux : quand un regard se prolonge assez pour vous signaler qu'il y a des chances que vous ne rentriez pas seul(e).

DRAGUER…

> ***« On finit toujours par partir en embrassant la mauvaise personne. »***
> *"Everybody winds up kissing the wrong person good night."*
>
> Andy Warhol

Line (n)
Chat up line (Brit) (n)
Pick up line (Am) (n) Phrase d'approche ou anecdote servant d'entrée en matière. Façon d'aborder quelqu'un.

Make the first move (v) Faire le premier pas

Chat someone up (Brit)
Pick someone up (Am)
Flirt with someone
Hit on someone Draguer quelqu'un

Come on to someone
Put the moves on someone Faire des avances à quelqu'un

On the pull (Brit)
On the prowl (adj) Etre de sortie dans le but de trouver un partenaire sexuel. « *On the prowl* » (en chasse) s'applique à l'origine aux félins.

Have game (v) C'est avoir l'art et la manière d'attirer les personnes du sexe opposé.

Wingman (n) Un acolyte, l'ami(e) qui vous aide à trouver un coup pour la soirée en chantant vos louanges, par exemple.

Meat Market (n) Désigne un endroit où les gens se retrouvent dans l'unique but de trouver un partenaire sexuel. C'est un « marché à la viande », donc un étalage de chair qui s'offre.

Player (n) Un coureur, un homme qui passe de femme en femme.

Man-eater (n) Une croqueuse d'homme

Tease (n) Allumeur / Allumeuse

Play hard to get (v) Se faire désirer

High-maintenance (adj) Se dit d'une personne qui nécessite beaucoup d'attention. Etre « *High-maintenance* », c'est avoir l'âme d'une diva, être capricieux. En somme, l'opposé de « *easy going* » (facile à vivre).

Les phrases d'approches : une sélection subjective

Si vous fréquentez des pubs ou des bars en Angleterre et/ou aux Etats-Unis, il y a des chances que vous soyez abordé(e) par des dragueurs en série maniant le cliché avec expertise. Voici quelques exemples classiques de ces « *chat up lines* » :

If your heart was a prison, I would like to be sentenced for life.
Si ton cœur était une prison, j'aimerais y être condamné à vie.

- Did it hurt?
- What?
- Falling from Heaven.
- Ca vous a fait mal ?
- Quoi ?
- Tomber du Paradis.

I lost my mobile number! Could I have yours?
J'ai perdu mon numéro de portable! Tu me donnes le tien ?

You remind me of someone... my next girlfriend.
Tu me rappelles quelqu'un... ma prochaine copine.

Was that an earthquake or did you just rock my world?
Est-ce que c'était un tremblement de terre, ou est-ce que tu viens juste de chambouler ma vie ?

If I could rearrange the alphabet, I'd put U and I together.
Intraduisible, mais niaise à souhait. Les lettres U et I se prononcent *You & I*, donc « toi et moi » : Si je devais réorganiser les lettres de l'alphabet, je mettrais toi et moi ensemble.

Si vous souhaitez opter pour une approche plus traditionnelle, vous pouvez utiliser les phrases suivantes :

Are you here alone? Tu es seul(e) ?

Do you come here often? Tu viens souvent ici ?

Can I get you a drink? Je peux t'offrir un verre ?

Do you mind if I join you? Ca vous ennuie si je me joins à vous ?

N'hésitez pas à être créatif. Il s'agit certes d'un terrain miné, mais seul votre égo risque d'être blessé.

… ET PLUS SI AFFINITÉS

***« Le sexe entre deux personnes, c'est beau.
Entre cinq personnes, c'est fantastique. »***

"Sex between two people is a beautiful thing – between five, it's fantastic."

Woody Allen

Pull
Get lucky (v) C'est le résultat d'une offensive de drague réussie. Le verbe s'emploie quand c'est dans la poche, c'est-à-dire quand l'objet de votre convoitise est prêt à s'abandonner à vous.

> ***There's no way I'm going home empty-handed. I intend to pull tonight.***
> Il n'y a pas moyen que je rentre chez moi bredouille. J'ai l'intention d'emballer ce soir.

Snog (Brit)
Make out (Am) (v/ vt) Se rouler des pelles

> ***2 minutes after meeting, they were already snogging!***
> 2 minutes après s'être rencontrés, ils se roulaient des pelles!
> ***They're making out like a couple of teenagers.***
> Ils se galochent comme deux ados.

Love-bite
Hickey (n) Suçon

Hook up (v) (Am) Un terme plutôt décontracté et quelque peu ambigu qui décrit un évènement pouvant aller d'un simple baiser à un rapport sexuel.

> ***There isn't much to say. We hooked up, it was fun.***
> Il n'y a pas grand chose à dire. On a passé la nuit ensemble, c'était sympa.

Fool around

Mess around Aussi ambigus que « *hook up* ». Batifoler, ou coucher avec quelqu'un.

We fooled around a little, it was nice.

On a un peu batifolé, c'était chouette.

No messing around on my bed!

Pas de cochonneries sur mon lit!

Get lucky

Get laid (Brit) (v) S'envoyer en l'air.

Did you get lucky last night?

T'as tiré ton coup hier?

This guy is so serious. He needs to get laid.

Ce type est tellement sérieux. Il a besoin de s'envoyer en l'air.

Sleep with someone

Bang someone

Shag someone (Brit) (v) Coucher avec quelqu'un

Do you think they're sleeping together?

Tu crois qu'ils couchent ensemble?

I banged her last month.

Je l'ai sautée le mois dernier.

Guys! All they ever think about is shagging.

Les mecs! Ils pensent qu'à baiser.

Sleep around (v) Coucher à droite et à gauche.

You're gonna catch something nasty if you keep sleeping around.

Tu vas finir par attraper une cochonnerie si tu continues à coucher avec n'importe qui.

Get some action « Action » est, dans certains contextes, un euphémisme pour activité sexuelle.

These guys get all the action.

Ces mecs, il n'y en a que pour eux.

Put out (v) Terme péjoratif qui s'emploie lorsqu'une femme couche avec un homme.

It's your third date and she still hasn't put out?

C'est la troisième fois que vous vous voyez et elle n'est toujours pas passée à la casserole?

One-night stand (n) Une aventure d'un soir.

It's not serious between us, just a one-night stand.

C'est pas sérieux entre nous, juste une aventure d'un soir.

Fling (n) Une liaison de courte durée, sans lendemain. Plus longue qu'une aventure d'un soir, mais en aucun cas une relation sérieuse.

I had a fling with a married man.

J'ai eu une liaison avec un homme marié.

Casual Relationship (n) Une relation basée sur le sexe, sans engagement.

It's very hard to maintain a casual relationship. Someone always gets hurt.

C'est difficile de maintenir une relation sexuelle sans attaches. Il y a toujours quelqu'un qui finit par souffrir.

Friends with benefits
Fuck Buddy
Fuck friend (n) Une personne avec qui l'on entretient une relation basée sur le sexe, parfois également amicale, mais sans engagement.

We're not a couple. We're just friend with benefits.

On n'est pas un couple. On est juste des « sex friends ».

Booty call (n) Plan cul, une personne que l'on appelle uniquement dans le but de coucher avec.

She asked you to come over at midnight. Of course it's a booty call.

Elle t'a proposé de passer la voir à minuit. Bien sûr que c'est un plan-cul.

Doing it (v) Un euphémisme pour coucher.

Do you think they're doing it?

Tu crois qu'ils couchent ensemble?

Caught in the act (v) Etre pris en flagrant délit (implique très souvent, mais pas exclusivement, un acte sexuel)

Sarah caught us in the act. I tried to explain, but she wouldn't have it.

Sarah nous a surpris en pleine action. J'ai essayé de lui expliquer la situation, mais elle n'a rien voulu savoir.

Sexting (v) Fusion de « *sex* » et de « *texting* ». Envoyer des textos coquins (ou sextos).

He's been sexting me all week.

Ca fait une semaine qu'il n'arrête pas de m'envoyer des sextos.

Faire des Cochonneries

Last night Emma wore a* kinky *outfit, it was amazing.
Hier soir, Emma a mis une tenue très coquine, c'était incroyable. *Kinky* veut dire coquin au sens sexuel - osé, provocateur, voire expérimental.

I love it when she talks* dirty *to me.
J'adore quand elle me parle de façon salace / quand elle me dit des mots cochons.

That sex scene was really* raunchy*.
Cette scène de cul était vraiment torride.

I like it* rough*.
J'aime faire l'amour à la hussarde. La version anglaise est beaucoup plus commune que sa traduction française. Dans ce contexte, « *rough* » signifie impétueusement et sans ménagement.

I'm so* turned on *by you.
Tu me fais bander.

He makes me* horny*.
Il m'excite.

La sexualité tâtonnante des adolescents & le baseball

De nombreuses expressions, tirées de la terminologie de baseball, sont très couramment employées pour désigner diverses étapes de l'intimité sexuelle, notamment par les adolescents. Ca vous semble improbable ? Voici l'explication : en baseball, le batteur doit frapper la balle de sorte à progresser sur les 3 buts (« *first base* », « *second base* » et « *third base* »). S'il frappe la balle au delà des limites du terrain, c'est encore mieux. On appelle cela coup de circuit (ou « *home run* »).

Voici une explication, point par point, de cette progression (les définitions sont variables, mais ce qui suit en est un exemple illustratif) :

First base
La phase initiale. Se limite souvent à des baisers. On se tripote, mais on ne touche pas aux seins.

Second base
L'étape suivante, avec accès aux seins. Un grand moment dans la vie d'un ado.

Third Base
Ca commence à devenir chaud. En « *third base* », on peut toucher les parties intimes de son partenaire. On est presque un homme.

Home Run
Le Graal. Rapport sexuel complet, avec pénétration.

To score
Marquer un but. Veut également dire, pour maintenir la métaphore, « tirer son coup ». Plutôt péjoratif, donc, ou un langage de vantards.

LE CORPS, MOTS CRUS & CROUSTILLANTS

Knockers
Tit(s)
Boob(s) Nichons, lolos, etc.

Rack (n) Une paire de seins, poitrine

Stacked
Busty (adj) Se dit d'une personne à la poitrine généreuse. Une exclamation souvent extasiée, mais pas nécessairement flatteuse.

Nice piece of ass (n) Une façon très vulgaire de dire : une femme séduisante et bien faite. Une expression courante, surtout aux Etats-Unis.

Pas besoin d'être un génie pour se douter que les termes ci-dessus ponctuent plus particulièrement les conversations masculines, et qu'elles peuvent offenser si elles sont adressées aux mauvaises personnes.
Voici plutôt des expressions à l'usage des femmes :

He's well-hung Il est bien monté

Check out his package Regarde un peu ce qu'il a dans le pantalon (« *Package* » signifie colis).

Trunk
Ass (Am) **/ Arse** (Brit)
Booty
Butt (Am) **/ Bum** (Brit)
Fanny (Am) (n) Autant de termes pour dire postérieur.
Attention ! Aux Etats-Unis, « *fanny* » signifie « fesses » tandis qu'en Angleterre, il est

l'équivalent de « chatte ». Les malentendus peuvent abonder et un ajustement culturel est nécessaire. Par exemple : une banane (sacoche) se dit « *fanny pack* » aux Etats-Unis, et « *bumbag* » en Angleterre.

Pussy
Cunt
Fanny (Brit) (n) Chatte, con
« *Cunt* » est l'équivalent de « con ». Comme en français, le terme s'emploie comme insulte. Il est cependant beaucoup plus vulgaire que son équivalent français, et reste l'un des rares termes encore tabous en anglais.

Dick
Cock
Prick
Schlong
Wiener (Am)
Willy (Brit) Pénis, bite, queue, etc.
« *Willy* » est l'équivalent britannique de « quéquette ». On ne l'emploie donc guère pour se vanter. « *Wiener* » (prononcé : wiineur) signifie saucisse et a une connotation humoristique. « *Schlong* » sous-entend un instrument de taille. Quant à « *cock, dick, prick* », ils s'emploient aussi comme insultes, et sont synonymes de « connard ».
Par exemple : ***He's such a prick.*** C'est un vrai con.

Nuts
Balls
Crown Jewels (n) Couilles (très proche des « bijoux de famille » français).

Bod (n) Abréviation de « *body* », corps.

Gams
Pins (Brit) Gambettes

Glossaire Gay

Les mots qu'il faut absolument connaître

Straight (adj) Hétéro

Gay (adj) Homo

Bi (adj) Bi. Prononcé « baï ».

Bi-curious (adj) Etre « bicurious » c'est être hétéro mais s'intéresser (ou être ouvert) à une expérience homosexuelle.

Dyke (n) Gouine (péjoratif)

Fag (n) Pédé (péjoratif)

Butch (adj) Une lesbienne hommasse

Camp (adj) Un homosexuel efféminé

Queer (adj) Terme qui veut à la fois dire « étrange / curieux » et « pédé ». A l'origine extrêmement insultant, ce terme s'est fait un lifting et est désormais largement répandu dans les cercles gay et lesbiens. Dans le doute, évitez de l'employer.

Queen (n) Un homo flamboyant, une folle.

Gaydar (n) Fusion de « *gay* » et « *radar* ». Un sixième sens auto-proclamé qui permet de reconnaître les homos et les hétéros.

REPOUSSER LES AVANCES IMPORTUNES

> ***« Un petit mot sur la contraception orale. J'ai demandé à une fille de coucher avec moi et elle a dit "non". »***
>
> *"A fast word about oral contraception. I asked a girl to go to bed with me, she said « no»."*
>
> Woody Allen

Turn someone down
Blow someone off
Rebuff someone (v) Econduire ou rejeter quelqu'un, envoyer bouler.

I asked her out for a drink, but she blew me off.
Je lui ai proposé d'aller prendre un verre, mais elle m'a rembarré.

Turn someone down flat Envoyer sur les roses, refuser tout net.

No luck with that babe over there?
Nope. She turned me down flat.
Pas de bol avec la bombe là-bas ?
Nan. Elle m'a envoyé sur les roses.

Ditch someone (v) Planter quelqu'un.

She ditched me at the end of the night. I really didn't see it coming.
Elle m'a lâché à la fin de la soirée. J'ai vraiment pas vu venir.

Leave someone high and dry (v) Laisser quelqu'un en plan.

I thought it was in the bag, but she left me high and dry.
J'ai cru que l'affaire était dans le sac, mais elle m'a laissé en plan.

Leave someone hanging (v) Laisser quelqu'un dans le doute, sans réponse, dans un état d'incertitude avancée.

It's so cruel to leave me hanging. Are you going to give me your number or not?

C'est cruel de me faire poireauter. Tu vas me filer ton numéro ou pas ?

Stand someone up (v) Poser un lapin à quelqu'un.

I can't believe it, he stood me up! Bastard!

J'y crois pas, il m'a posé un lapin ! Salaud !

Manuel à l'usage des filles qui veulent être laissées tranquilles.

(Délicate)	***I'm hanging out with my girlfriends tonight. No boys.*** Je traîne avec mes copines ce soir. Pas de garçons.
(Détournée)	***I've got a boyfriend.*** J'ai un copain.
(Désinvolte)	***We were just leaving.*** On allait justement partir.
(Directe)	***Sorry, not interested.*** Désolée, pas intéressée.
(Dédaigneuse)	***In your dreams.*** Dans tes rêves.
(Carrément désagréable)	***Fuck off.*** Casse-toi. (vulgaire)

Si vous faites l'objet d'un rejet, vous pouvez vous en sortir avec dignité. Il suffit de dire à vos amis, sur un ton nonchalant :

There are plenty more fish in the sea
Un(e) de perdu(e), dix de retrouvé(e)s.

#3

La vie à deux

« La meilleure recette de bonheur que je connaisse est un revenu confortable. »

"A large income is the best recipe for happiness I ever heard of."

Jane Austen

LE COIN DES ENTREMETTEURS

Blind date (n) Un rendez-vous organisé par un(e) ami(e) avec une personne que vous n'avez jamais rencontrée.

Set someone up
Fix someone up (v) Organiser un « *date* », ou rendez-vous galant, pour un tiers.

Matchmaker (n) Un entremetteur ou une entremetteuse.

Dating agency (n) Agence matrimoniale, ou de rencontres.

JE CROIS BIEN QUE JE T'AIME

Fancy somebody (Brit)
Like somebody
Be into somebody (v) Bien aimer quelqu'un, être attiré par quelqu'un. « *I'm into surfing* » signifie : j'adore le surf. « *I fancy a pint* » signifie : j'ai envie d'une bière.

Fancy the pants off somebody Etre extrêmement attiré par quelqu'un

Crush (n) Béguin

Man crush (n) L'amour platonique qu'un homme porte à un autre – un terme léger et un signe des temps, adapté à notre société friande de métrosexuels. Pendant masculin de « *girl crush* ».

Love at first sight (n) Coup de foudre

Fall for someone (v) Comme couinait Pascal Obispo, « je suis tombé pour elle ». Tomber amoureux.

Boyfriend material / Girlfriend material (adj)
Husband material / Wife material (adj)
Se dit de quelqu'un que l'on perçoit comme un(e) petit(e) ami(e) ou un conjoint potentiel.

The one
Mr Right / Mrs Right (n) « *The one* » ne fait pas référence à Keanu Reeves dans Matrix, mais bien à LA personne, l'Unique, celle avec laquelle vous envisagez de passer le reste de vos jours. Ces expressions s'emploient à propos d'une personne en particulier ou d'un idéal amoureux.

C'EST DU SÉRIEUX

Date (n) Un rendez-vous (galant).

> ***I have a date with Christopher tonight, I'm so excited!***
> J'ai rendez-vous avec Christopher ce soir, je suis hyper excitée !

To date someone
See someone (v) Fréquenter quelqu'un

> ***You're seeing someone? Who's the lucky guy?***
> Tu fréquentes quelqu'un? Qui est l'heureux élu ?

Go steady with someone

Go out with someone (v) Sortir avec quelqu'un, se mettre en couple.

Come on, spill the beans. Are Franny and Zooey going out?

Allez, crache le morceau. Est-ce que Franny et Zooey sont ensemble ?

Shack up (with) (v) Se maquer, se mettre en ménage avec quelqu'un.

They met 2 months ago and they're already shacked up.

Ils se sont rencontrés il y a 2 mois et ils ont déjà emménagé ensemble.

Settle down (v) Se ranger, se poser, généralement avec l'intention de se marier et de faire des enfants.

I found Mr Right. I'm ready to settle down.

J'ai trouvé mon homme idéal. Je suis prête à me poser.

Pop the question (v) Poser « la » question, c'est-à-dire faire une demande en mariage.

I'm trying to find the right time to pop the question.

J'essaie de trouver le bon moment de lui faire ma demande en mariage.

Set the date (v) Décider de la date de mariage. L'expression s'emploie dans tout type de contexte, par exemple: « *Have you set the date for your dinner party?* ». Mais, employée seule, elle fait en général référence au mariage.

OMG. Have you set the date?

Oh mon Dieu. Vous avez fixé une date ?

Tie the knot

Get hitched (v) Se caser, se marier.

Kate & William tied the knot last spring.

Kate et William se sont casés au printemps dernier.

Si le mariage ne vous intéresse pas, que vous ne trouvez pas chaussure à votre pied et que vous préférez rester célibataire - ou « *single* » - on dira de vous :
Que vous refusez d'être coincé(e) dans une relation : ***You refuse to be tied down.***
Que vous allez voir ce qui s'offre à vous avant de vous caser (cette expression est plutôt réservée aux hommes) : ***You are going to play the field before getting hitched.***

PÉRIPÉTIES DE LA VIE DE COUPLE

« Le mariage est une alliance conclue par un homme qui ne peut pas dormir avec la fenêtre fermée, et une femme qui ne peut pas dormir avec la fenêtre ouverte. »

"Marriage is an alliance entered into by a man who can't sleep with the window shut, and a woman who can't sleep with the window open."

George Bernard Shaw

Grossesses, scènes de ménage, routine, adultère… la vie à deux ne manque pas de rebondissements. Voici le vocabulaire nécessaire pour y faire face.

Lucy is very in love with Tom, but he seems to* have a wandering eye*.

Lucy est très amoureuse de Tom, mais il a l'air d'avoir l'oeil baladeur.

She got* knocked up*.

Elle est en cloque.

La tournure de la phrase met l'accent sur l'action masculine (la femme est mise en cloque, l'homme met en cloque: « *she is knocked up* » / « *he knocked her up* »).

Sheila's got a* bun in the oven*.

Sheila est enceinte.

Expression idiomatique similaire à : avoir un polichinelle dans le tiroir, ou une brioche au four.

We've got an announcement to make:* we're pregnant*!

Nous avons une nouvelle à vous annoncer : on attend un bébé !

« *We are pregnant* » est une expression qui peut être suprêmement irritante. Elle est employée par certains couples (surtout aux Etats-Unis) pour annoncer la grossesse de la femme, et veut dire : nous (en tant que couple) sommes enceintes.

After 2 years of marriage, we got stuck in a rut.

Après deux ans de mariage, on s'est retrouvé coincé dans une routine.

I'm not much of a monogamist. There's nothing wrong with having a bit on the side.

Je ne suis pas vraiment monogame. Il n'a y a pas de mal à avoir un amant/ une maîtresse.

You bastard. I know you've been cheating on me with that cow.

Espèce de salaud. Je sais que tu me trompes avec cette vache.

« *Have a bit on the side* » / « *Fool around* » / « *Play away from home* » Am) / « *Cheat on someone* » sont tous synonymes de batifoler, faire des infidélités, tromper son conjoint.

They should have it out once and for all.

Ils devraient s'expliquer une bonne fois pour toutes.

I'm in for another ear bashing. What have I done wrong now?

Je vais encore m'en prendre plein la gueule. Qu'est ce que j'ai fait de mal cette fois ?

« *Receive an ear bashing* » et « *be in the dog house* » s'utilisent quand votre douce moitié en a après vous. Si vous avez, par exemple, encore oublié de lui souhaiter un joyeux anniversaire, vous pouvez vous attendre à de sérieuses représailles.

He's so whipped, it's pathetic.

Il se fait mener par le bout du nez. C'est pathétique.

« *Whipped* » signifie « fouetté ». En argot, il désigne une personne dominée, qui se laisse faire et n'a pas son mot à dire dans sa relation.

LES HISTOIRES D'AMOUR FINISSENT MAL

> ***« La seule paix solide et durable entre une homme et sa femme est, sans aucun doute, la séparation »***
> *"The only solid and lasting peace between a man and his wife is, doubtless, a separation."*
>
> Lord Chesterfield

Go pear shaped (v) (Brit) Mal tourner

On the rocks Au bord du gouffre, en péril

To be through with someone or something
To be done with someone or something (v) En finir avec quelqu'un ou quelque chose

It's over C'est fini

Break up with somebody
Pack somebody in
Dump Someone
Finish with someone
Leave someone Rompre avec, quitter quelqu'un
Heading for splitsville (Am) Sur le point de se séparer

Dunzo (Am) Fini, mort

Go your separate ways
Split up Se séparer

Walk out on someone (v) Abandonner quelqu'un, les quitter. S'utilise notamment quand une famille et des enfants sont également en jeu.

Pull the plug on a relationship « *Pull the plug* », c'est littéralement débrancher (une prise, par exemple). Au sens figuré, c'est mettre fin à quelque chose.

Les grands classiques de la rupture

We need to talk. On doit parler.
Il est presque inutile d'en dire plus. « *We need to talk* » fait sonner toutes les alarmes et bien que l'expression semble faire référence à une activité à deux, elle signifie souvent : « J'ai quelque chose à te dire ». Autant vous attendre au pire.

You're a great guy/girl, but… I'm not ready for a serious relationship.
Tu es un type / une fille super, mais… je ne suis pas prêt(e) pour une relation sérieuse.
Quand « *but* » (mais) pointe le bout de son vilain nez après une série de compliments, c'est qu'on est sur le point de se faire larguer.

Its not you, it's me. C'est pas toi, c'est moi.
Un grand cliché qui, s'il se veut bienveillant, n'en est pas moins frustrant pour la victime.

I realised I'm still hung up on my ex. Je me suis rendu(e) compte que j'étais encore amoureux(se) de mon ex.
L'ex. L'incontestable, l'inégalable. Une très bonne façon de se tirer d'affaire.

It's just not working. Ca ne fonctionne pas.
Un peu abrupte, d'autant que l'interlocuteur pense en général que, au contraire, tout fonctionne à merveille.

AU SUIVANT

Be on the rebound (v) Etre à la recherche d'une aventure sous le coup d'une déception amoureuse. « *Rebound* » s'emploie aussi seul et désigne une histoire généralement sans avenir, pour mieux « rebondir ».

It's not a serious relationship. He's just a rebound guy.

Ca n'est pas une relation sérieuse. C'est juste un mec de transition.

Mat is on the rebound after Lina broke his heart.

Depuis que Lina lui a brisé le coeur, Mat est à la recherche d'une histoire pour s'en remettre.

Move on (v) Aller de l'avant, souvent après une rupture ou tout évènement désagréable ou traumatisant.

You need to move on. You can't keep crying like this.

Tu dois passer à autre chose. Tu ne peux pas continuer à pleurer comme ça.

Get over someone (v) Se remettre de quelqu'un.

I'm so over him.

Je me suis complètement remise de lui.

Carry a torch for someone (v) S'emploie dans le cas de sentiments non partagés. S'utilise souvent à propos d'un(e) ex dont on est encore amoureux.

> ***Paul still carries a torch for Emma. It's time for him to meet someone else.***
>
> Paul en pince encore pour Emma. Il est temps qu'il rencontre quelqu'un d'autre.

Si l'on se sent d'humeur magnanime ou que l'on a encore des sentiments forts pour la personne, il se peut qu'on se laisse convaincre de leur donner une seconde chance :

> ***I've decided to give Desdemona another shot. But if she cheats on me again, I'll kill her.***
>
> J'ai décidé de donner une seconde chance à Desdémone. Mais si elle me trompe à nouveau, je la tue.
>
> ***We're going to give it another go.***
>
> On va retenter le coup.
>
> ***I'll try to forget that I saw you wearing my dress. Let's start over, Rupaul.***
>
> Je vais essayer d'oublier que je t'ai vu porter ma robe. On redémarre à zéro, Rupaul.
>
> ***She took him back, and they've been working very hard on their relationship since.***
>
> Depuis qu'elle l'a repris, ils travaillent très dur sur leur relation.

LE LANGAGE DE L'AMOUR

Voici une liste des petits noms que l'on donne à son conjoint. On évite les « lapinous d'amour » pour se concentrer sur les termes les plus communs.

Hubby/ Wifey (n) Mari/ Femme. Abréviation de « *husband* » et « *wife* ».

The missus (Brit)
The wife
The old ball and chain Bobonne. La troisième expression fait référence au sort des forçats en comparant l'épouse à un vieux boulet.

Better half
Other half
Significant other (n) Douce moitié

BF Abréviation de Boyfriend. (à ne pas confondre avec « *BFF* » qui veut dire meilleure amie).

Beau (n) Terme signifiant amant, ou petit ami, dérivé du Français et prononcé « beauw ».

Boo (n) Terme dérivé et synonyme de « beau ». S'emploie pour les deux sexes. Un brin hip-hop.

Baby
Babe
Honey
Sweety
Sweetheart
Darling (n) Des termes affectueux qu'on emploie lorsqu'on s'adresse directement à son conjoint. Ma chérie, mon amour, etc.

Babygirl / Babyboy (n) Comme les précédents, mais indéniablement plus R'n'B'.

Old Flame (n) Une façon poétique de dire « mon ex ».

Baby mama (n) Un nom donné par un homme à la femme de ses enfants, qu'il n'a pas épousée et avec laquelle il n'est plus. « *Baby daddy* » est son pendant masculin.

Sexe & Société

Les termes désignant des personnes en fonction de leur profil socio-sexuel abondent. En voici une sélection juteuse :

Trophy wife Terme péjoratif désignant une femme beaucoup plus jeune (et souvent plus séduisante) que son compagnon. Une femme qu'un homme riche ou puissant - d'où sont attrait - parade tel un trophée.

> ***Look at him, with his trophy wife. He could be her grandfather!***
> Regarde-le, avec sa potiche. Il a l'âge d'être son grand-père !

Toyboy Terme péjoratif désignant un homme beaucoup plus jeune que sa compagne. L'expression implique qu'il n'est qu'un jouet, un objet sexuel.

> ***Emma broke up with her toyboy. She said she got bored of him.***
> Emma a rompu avec son jeune amant. Elle a dit qu'il ne l'amusait plus.

MILF (n) Acronyme de « *Mother I'd Love to Fuck* », « mère que j'aimerais baiser ». La *MILF* est généralement en âge d'avoir des enfants adolescents, voire adultes. Le terme s'est popularisé avec le film « *American Pie* ».

Yummy mummy (n) Une maman sexy (« *yummy* » signifie délicieux ou appétissant). Comme la *MILF*, mais généralement plus jeune : la « *yummy mummy* » a généralement des enfants en bas âge. Ce terme est parfois porté comme un badge d'honneur par certaines femmes.

Manwhore (n) Un homme « facile », qui couche avec n'importe qui.

> ***Forget Giacomo, this guy's a manwhore.***
> Oublie Giacomo, ce type est une traînée.

Serial monogamist (n) Un(e) monogame en série. Une personne qui ne passe jamais par la case célibataire, préférant passer d'une relation à l'autre.

Bridezilla (n) Ce que deviennent certaines femmes lors des préparatifs de leur mariage. Ce mot-valise est constitué de la fusion de « *bride* » (future épouse) et « *Godzilla* », la monstrueuse créature japonaise qui détruit tout sur son passage – une combinaison effrayante, parfois fatale. On ne badine pas avec les *Bridezilla*.

POUR LE MEILLEUR ET POUR LE PIRE

Si, malgré les disputes, les menaces, la routine, les enfants, les crises de rage et les beaux-parents, vous avez réussi à rester ensemble, cette section est pour vous.

Kids, the fact that I can still put up with your father is a daily miracle.

Les enfants, le fait que j'arrive encore à supporter votre père est un miracle quotidien.

I'm so glad we weathered the storm. We came out stronger.

Je suis heureux qu'on ait tenu le coup. On s'en est sorti plus fort.

Look at these love birds, still holding hands after all these years.

Regarde-moi ces deux tourtereaux, qui se tiennent encore par la main après toutes ces années.

POUR TOUJOURS

Ces deux expressions résument l'institution du mariage dans la langue de Shakespeare :

Live happily ever after

Vivre heureux jusqu'à la fin des temps

Endure a life sentence

Purger une peine à perpétuité

#4

Faire la fête

> *« Les folies sont les seules choses que l'on ne regrette jamais. »*
> *"The only things one never regrets are one's mistakes."*
>
> Oscar Wilde

PRÉPARATIFS

Get in the mood (v) Se mettre dans l'ambiance.

Pregaming
Warm up drinking (n) Consommation d'alcool en préparation d'une soirée ou d'un événement social, comme des échauffements avant la course.

Line your stomach (v) Manger. Plus précisément, tapisser l'estomac en prévision d'une soirée arrosée.

Eating is cheating « Manger c'est tricher ». Une devise qui permet de départager les vrais fêtards des mauviettes.

Fired up
Amped (up)
Hyped (up)
Pumped (up)
Juiced (up)
Psyched (out) (adj) Surexcité, gonflé à bloc, excité sous l'effet de l'anticipation - voire de stimulants.
Avec l'exception de « *fired up* », elles s'utilisent toutes invariablement avec ou sans l'adverbe « *up* » (« *out* » dans le cas de « *psyched* »). « *Fired* » seul signifie « mis à la porte » en Anglais américain. Par exemple :

> ***I just got fired. I can't believe it.***
> Je viens d'être viré. J'en reviens pas.

PASSER UN BON MOMENT

Have a ball
Have a blast
Have it large (Brit) (v) S'éclater

What a blast we had at Paul's last night!
On a passé un super moment chez Paul hier soir !
We're going to have it large tonight.
On va s'éclater ce soir.

Tear it up (v) Boire, danser ou s'adonner à toute sorte d'activité de façon excessive et avec un enthousiasme débordant.

Jake is really tearing it up on the dancefloor.
Jake est vraiment à fond sur la piste de danse.

Wild
Fucking awesome (fam)
Out of this world
Sick (adj) Autant d'adjectifs qui signifient « génial ».

Yeah, it was wild ... Ouais, c'était un truc de ouf...
This song is out of this world. Cette chanson est trop bien.
It's fucking awesome! C'est vraiment génial !
That's sick! Ca déchire !

BOIRE COMME UN TROU

> *« Si je bois, c'est pour rendre les autres intéressants. »*
> *"I only drink to make other people seem more interesting."*
>
> George Jean Nathan

We need more booze, we only have a couple of bottles left.
On a besoin de plus d'alcool, il ne reste plus que deux bouteilles.
« *Booze* » désigne de l'alcool, ou des boissons alcoolisées.

I'm buzzed after these 2 beers.
Je suis éméché après ces deux bières.
L'adjectif « *buzzed* » désigne un état de stimulation agréable, induit par le café, l'alcool ou les drogues.

A glass of wine and she's already tipsy!
Un verre de vin et elle est déjà pompette !

I think I'm a little drunk.
Je crois que je suis un peu ivre.

I don't remember saying that - I was... **off my face** (Brit)
off my tits (Brit)
out of it
zonked (Am)
pissed (Brit)
Je ne me souviens pas avoir dit ça - j'étais complètement torché.

Coup de Projecteur sur PISS

« *Pissed* » dans l'exemple ci-dessus peut prêter à confusion. En Angleterre, il signifie « bourré », et vous l'entendrez à tout bout de champ. Aux Etats-Unis, il est synonyme d'énervé, irrité, voire en colère.

He got really pissed when she didn't give him her number.
Brit : Il s'est bourré la gueule quand elle ne lui a pas donné son numéro.
Am : Il a pété un câble quand elle ne lui a pas donné son numéro.
S'énerver, en anglais Brit se dit : **pissed off**
« *Pissed off* » peut s'utiliser partout sans malentendu.

Take a piss Pisser

Take the piss (Brit) Se moquer (de quelqu'un), taquiner

We're gonna get pissed On va se bourrer la gueule

It pisses me off when… Ca m'emmerde quand…

Piss off Dégage

Yesterday we got seriously … **hammered**
keyed
loaded
plastered
shit-faced
smashed
sloshed
trashed
wasted
wrecked (adj)

Hier, on s'est pris une sacrée cuite.

Cette liste n'est qu'un échantillon du large éventail de termes signifiant complètement bourré / déchiré / rétamé / raide. Nuance :

I am hammered = Je suis bourré

I got hammered = Je me suis pris une cuite

« *Wrecked* » et « *wasted* » sont synonymes de « défoncé » et désignent aussi bien les effets de l'alcool que des drogues.

Greg drank us all under-the-table. The man can **hold his liquor*****.***

Greg était sobre alors qu'on était tous bourré. Ce type tient vraiment bien l'alcool.

« *Drink someone under the table* » c'est être le dernier homme debout quand tous vos compagnons de beuverie sont torchés. « *Hold one's drink* » ou « *Hold one's liquor* », c'est tenir l'alcool.

How about a few shots of **liquid courage** ***to help you through the first act?***

Qu'est ce que tu penses d'un petit coup de « courage liquide » pour t'aider à surmonter le premier acte ?

« *Liquid courage* », également appelé « *Dutch courage* » désigne un genre de courage que l'on puise au fond d'une bouteille - l'alcool qui désinhibe et donne l'impression d'être Zorro.

Last night my boys and I went out on a big* bender*.

Hier soir mes potes et moi on s'est bien cuité.

« *Bender* » est une beuverie. « *Go on a bender* » c'est se prendre une cuite.

Binge-drinking ***is really bad for your health.***

La consommation excessive d'alcool est vraiment dangereuse pour la santé.

« *Binge-drinking* » désigne l'action de boire compulsivement. Il s'agit d'une addiction à l'alcool (consommé de façon excessive et en un laps de temps très court). Le « *binge-drinking* » est un phénomène social en Angleterre, et un problème de santé publique. Le verbe « *to binge* » implique l'excès et signifie se gaver ou trop boire. Par exemple : ***Stop binging on chocolate!*** Arrête de te gaver de chocolat !

My mom started **hitting the bottle** ***after my dad went to prison.***

Ma mère s'est mise à boire après que mon père ait été emprisonné.

Let's **crack open some bottles** ***of bubbly and get the party started!***

On va déboucher quelques bouteilles de mousseux et que la fête commence !

David got caught while **spiking** ***the punch with rum.***

David s'est fait prendre pendant qu'il corsait le punch avec du rhum.

« *To spike* », c'est ajouter de l'alcool ou autres substances illicites dans une boisson. Souvent bon enfant (pas un film ou une série sur les lycées américains n'échappe à la tradition du punch trafiqué) ce terme peut avoir une connotation plus sinistre, dans le cas où des psychotropes ou « drogues de viol » sont utilisés.

He's **on a mission*.***

Il veut vraiment prendre du bon temps.

« *To be on a mission* » c'est être à la recherche de bon temps, surtout dans un contexte lié à l'alcool, la drogue ou la drague.

***We're gonna* hit the town *I We're gonna* paint the town red*.**
On va faire la bringue / On va mettre le feu.

Let's go* on a pub-crawl** (Brit) ***… Who's up for it?
***Let's go* bar-hopping** (Am)
On fait la tournée des bars. Qui est partant ?

DÉCRIRE UN BAR

This is a dive C'est un tripot

What a (shit) hole! Quel trou !

It's a pretty swanky place C'est plutôt chicos ici

ON FÊTE QUOI ?

Throw a party (v) Organiser une soirée

Blowout (n) Une très grosse soirée / mégateuf.

Girls' night out / Boys' night out (n) Soirée entre filles / entre garçons.

House party (n) Soirée chez un particulier, dans la maison de quelqu'un.

House-warming party (n) Pendaison de crémaillère.

Leaving drinks (n) Pot de départ.

Bachelorette party (USA) **/ Hen party** (UK) **/ Hen night** (UK) **/ Hen do** (n)
Enterrement de vie de jeune fille. Une image peu flatteuse, puisque « *hen* » signifie poule. Difficile de ne pas s'imaginer des scènes de basse-cour en folie.

Bachelor's party (USA) **/ Stag party** (UK) **/ Stag night** (UK) **/ Stag do**
Enterrement de vie de garçon. « *Stag* » signifie cerf - un brin plus digne que les volailles, plus haut.

Birthday bash (n) Soirée d'anniversaire.

Office Christmas party Une tradition anglo-saxonne. Une « *office Christmas party* » est une fête de Noël organisée par l'entreprise. Des collègues et de l'alcool à gogo, elle est une garantie de ragots juteux à venir.

L'ALCOOL AU TRAVAIL

Liquid lunch (n) Une pause déjeuner constituée uniquement de boissons alcoolisées.

Three-martini lunch (n) Une expression provenant des Etats-Unis, « *three martini lunch* » désigne un déjeuner d'affaires plaisant et décontracté. Elle provient de l'idée répandue que les hommes et femmes d'affaires ont le temps - et les moyens - de profiter de plusieurs martinis pendant des jours ouvrables. Shocking.

Day drunk Un adjectif désignant un état d'ivresse diurne involontaire, quand un ou deux verres innocents vous enivrent sournoisement.

LES FÊTARDS

Dave is such a* party animal*. When he's out, he's literally unstoppable!
Dave adore faire la fête. Quand il sort, impossible de l'arrêter !

I like Tamsyn, she's a* party girl*.
J'aime bien Tamsyn, c'est une fêtarde.

Don't be such a* party-pooper*, come and dance with us!
Fais pas le rabat-joie, vient danser avec nous !

« *Party-pooper* » est un terme surtout en vogue aux Etats-Unis. Les Anglais lui préfèreront « *spoilsport* ». « *Kill-joy* » et « *downer* » sont d'autres synonymes très répandus.

We were having a blast until Jake barfed in the middle of the dance floor. Such a* buzz-kill*!
On s'éclatait un max jusqu'à ce que Jake dégueule en plein sur la piste de danse. Ca a tué l'ambiance !

« *Buzzkill* » est l'équivalent des termes ci-dessus, mais s'applique à des situations plutôt qu'à des personnes.

FONCEDÉ

Ciggie
Fag
Smoke (n) Clope

> ***I'm going out for a fag.***
> Je sors m'en brûler une.
> ***Do you have a smoke?***
> T'as une clope ?

BON A SAVOIR : « *Fag* » est aussi un terme injurieux pour « homosexuel ». Il est l'équivalent de « pédé » et l'abréviation de « *fagot* » (pédale).

Splif
Joint
Doobie
Zoot (n) Pétard / Bédo / Joint

> ***Fancy a spliff?***
> Tu veux un joint ?
> ***I'll roll a doobie.***
> Je vais rouler un joint.

Weed
Pot
Mary Jane
Skunk (n) Herbe / Beuh

> ***Got some pot?***
> T'as de l'herbe ?

Blaze (v) Fumer de l'herbe

> ***I didn't know you blazed mate.***
> Je savais pas que tu fumais de l'herbe.

High
Stoned
Lean (adj) Défoncé. Contrairement aux autres, « *High* » peut également s'utiliser pour designer un état d'excitation.

> ***He was high on crack.***
> Il s'est défoncé au crack.
> ***He was really stoned last night…***
> Il était complètement défoncé hier soir…

Stoned over (adj) Le lendemain matin, quand vous ressentez encore l'effet de ce petit joint, et que vous êtes lent à la détente, il est probable que vous soyez « *stoned over* ».

Les Anglais & la bière une histoire d'amour

Les Anglais, comme les Allemands et les Belges, raffolent de leurs bières. Entrer dans certains pubs traditionnels est comme se rendre à l'église pour assister à une messe dans une langue inconnue.

Lager, ale, bitter, pale, stout font partie de la psyché nationale. Décryptage :

Lager Prononcé « lagueur », c'est un terme générique pour les bières à fermentation basse, une grande famille qui comprend les bières telles que Stellas Artois, Carlesberg, Kronenbourg & San Miguel, entre autres. En somme, des bières étrangères, puisque l'Anglais snobe la « *lager* ».

Ale Prononcé « èyle ». Type de bière à haute fermentation. Beaucoup considèrent qu'un pub n'offrant pas plus de 2 types de ale à la pression est un faux pub, un fléau des temps modernes. Il y a les ale ambrées (« *Pale Ale* »), les amères (« *Bitter* »), les « *Dark* », les « *Mild* » et les « *Light* », entre autres.

Stout Prononcé « staout ». Bière à fermentation haute faite à partir de graines très grillées. Cela confère à cette spécialité irlandaise un goût de cacao et une couleur foncée, presque noire. La Guinness est la stout la plus connue.

Si vous êtes intimidés, vous pourrez toujours demander un rhum coca. Mais vous ne gagnerez le respect d'un Anglais qu'avec une pinte de « *ale* » à la main.

PETITES EXPRESSIONS POUR FAIRE L'EXPERT

> ***« Le Vin est la constante preuve que Dieu nous aime et aime nous voir heureux. »***
>
> *"Wine is constant proof that God loves us and loves to see us happy."*
>
> Benjamin Franklin

Cheers!

Santé !

Let's drink a toast to the groom and bride!

Levons nos verres pour les mariés!

Bottoms up!

« *Bottoms up* » et « *Down the hatch* » sont les équivalents de « cul sec », c'est-à-dire boire un verre d'une seule traite.

Drink up!

On entend cette expression au moment de commander un autre verre au bar, de partir ou à l'heure de la fermeture (souvent pour avoir le temps de s'en enfiler un autre vite fait). Elle signifie : « Allez, bois ! » ou « Finis ton verre ».

Drinks on me.
I'll get this round.

C'est moi qui offre / C'est ma tournée. Une bonne façon de gagner la reconnaissance semi-éternelle de vos compagnons de beuverie.

Down it!

Injonction sommant l'interlocuteur de boire son verre très vite. En fin de soirée, il n'est pas rare de l'entendre scandée par une troupe éméchée à l'intention d'une pauvre âme ivre.

Shall we have a cheeky beer? (Brit)

« *Cheeky* » signifie coquin, espiègle. A « *cheeky beer* » est un verre de dernière minute, l'occasion spontanée de boire un coup.

Let's have one for the road.

Un petit dernier pour la route.

I think I've had one too many.

Avoir un verre dans le nez. Littéralement, c'est avoir bu un verre de trop. En réalité, c'est souvent dix.

It's on the house.

Le Saint-Graal des ivrognes et des dragueurs. Signifie « c'est offert par la maison ».

Last orders (Brit)
Last calls (Am)

On entendra souvent le barman dans les pubs anglais crier « *Last orders!* ». Certains pubs font même sonner une cloche pour signaler ce moment crucial : la dernière occasion de s'enfiler un verre, avant la fermeture.

I'll drink to that.

A l'origine une réponse faite à un toast porté, elle signifie également, au sens figure : « Je suis d'accord » ou « je suis du même avis ».

Shaken, not stirred

Le Martini dans tous ses états

Les bars et les cocktails sont aux Etats-Unis ce que les pubs et les bières sont au Royaume-Uni. Et, au pays des cocktails, le martini est le roi incontesté. Presque une institution, ce cocktail sophistiqué date des années 1860. Il est servi dans un verre conique à pied tout aussi emblématique que son contenu et compte de nombreux amateurs, parmi lesquels Truman Capote, Ernst Hemingway, Franklin Roosevelt et James Bond.

Le Martini traditionnel consiste en un fond de vermouth blanc arrosé d'une bonne dose de gin et agrémenté d'une olive. Une version alternative, popularisée par le personnage de James Bond, a désormais supplanté le martini classique. Il s'agit du « *vodka martini with a twist* » - un martini à la vodka au lieu du gin avec un zeste de citron à la place de l'olive. Les puristes lui préfèreront la concoction originale.

Un « *dry martini* » est un Martini avec une moindre dose de vermouth.

Le Martini se décline en de nombreuses variantes : « *appletini* » (contraction de « *apple* », pomme, et de « *Martini* »), « *espresso martini* », « *cucumber martini* » (au concombre) etc.

LES LENDEMAINS DIFFICILES

« Il n'y a rien de mieux que vomir avec quelqu'un pour faire de vous deux vieux potes. »

"There is nothing like puking with somebody to make you into old friends."

Sylvia Plath

Hangover (n)

Hung-over (adj) Hangover signifie « gueule de bois ». Le nom s'écrit en un mot, tandis que l'adjectif (qui s'emploie toujours avec « *to be* » conjugué), s'écrit en deux.

> ***I had such a horrific hangover after Pete's drinks.***
>
> ***I was so hung over after Pete's drinks.***
>
> J'ai eu une gueule de bois terrible après le pot de Pete.

Pass out (v)

Passed out (adj) Perdre connaissance ou s'endormir rapidement (en général n'importe où et dans une position embarrassante) sous les effets de l'alcool.

> ***Have you seen Dave? – Yeah, he's passed out on the kitchen floor.***
>
> Tu as vu Dave ? – Ouais, il est ivre mort dans la cuisine.

Black out (v) Synonyme de « *pass out* », mais s'applique aussi à une perte de mémoire sous les effets de trop d'alcool.

Remember the brawl last night? – Nope. I was so drunk I totally blacked out…

Tu te souviens de l'échauffourée hier soir ? – Nan. J'étais tellement bourré que je ne me souviens de rien.

Throw up
Be sick
Barf (Am)
Puke
Hurl (v) Vomir / dégueuler

He threw up all over the place.

Il a vomi partout.

I think I'm gonna barf.

Je sens que je vais dégueuler.

Puke
Sick
Hurl (n) Gerbe

There's hurl everywhere, it's disgusting!

Il y a du vomi partout, c'est dégueulasse !

Dude, you've got some puke on your shoe.

Mec, t'as de la gerbe sur tes pompes.

VOCABULAIRE UTILE

Tab Ardoise. « *To open tab* » veut dire « ouvrir une ardoise ».

Tap Pression. « *We have 5 beers on tap* » signifie : On a 5 bières à la pression.

Tip Pourboire. Indispensable aux Etats-Unis, sous peine de vous faire lyncher.

Bouncer Videur

Bartender Barman

Happy hour Concept répandu en France, le « *happy hour* » est une période de quelques heures au cours desquelles des bars proposent leurs boissons à tarif réduit. *Happy hour indeed.*

Pint Unité de mesure de volumes liquides, valant 0.57 litres en Angleterre (la valeur d'une pinte varie selon les pays). Prononcé « p-aïe-nt » . En Angleterre, on sert les bières et le cidre dans des « *pint* » – terme qui désigne à la fois le verre et la quantité - et en « *half pint* » (demi-pinte). Un Anglais, un vrai, ne voudra pour rien au monde être vu avec une demi-pinte, jugée pas assez virile. Une bonne façon de repérer les touristes…

Soft drink (Brit)
Soda (Am) Boisson non alcoolisée

Tap water De l'eau de robinet. Si vous ne souhaitez pas acheter de l'eau minérale, vous pouvez demander un verre d'eau du robinet (« *a glass of tap water* ») au bar ou au restaurant. La formule est plus crue mais aussi utilisée que notre délicate « carafe d'eau ».

On the rocks Avec des glaçons (« Whiskey on the rocks »)

Neat Sec, sans eau

Spritzer Boisson à base de vin blanc et d'eau gazeuse.

Chaser Boisson à faible teneur en alcool consommée immédiatement après un alcool fort. Prononcé « tcheille-seur »

Corked Bouchonné

Bubbly Mousseux

Plonk Piquette, vin médiocre

#5

Les loisirs

LE SHOPPING

> ***"J'aime avoir mon argent à vue d'œil… accroché dans ma garde-robe."***
> *"I like my money right where I can see it... hanging in my closet."*
>
> Carrie, Sex & the City

Window-shopping (n) Lèche-vitrines

Mom and I went window-shopping this afternoon. I found a very cute dress.

Maman et moi avons fait du lèche-vitrines cette après-midi. J'ai trouvé une très jolie robe.

Shopaholic (n) Un(e) accro au shopping

My name is Lou and I am a shopaholic.

Je m'appelle Lou et je suis une accro du shopping.

Le suffixe « *aholic* » (parfois « *oholic* » ou simplement « *holic* ») dénote une addiction à l'objet auquel il se rattache. « *Alcoholic* », par exemple, signifie « alcoolique », et « *workaholic* » veut dire « bourreau de travail ». « *Chocoholic* » est un accro du chocolat, et « *spendaholic* » une personne qui dépense son argent de façon compulsive. Un suffixe ludique qui sert à créer toutes sortes de néologismes.

Shopping spree (n) Une frénésie d'achats

Tamsyn went on a mad shopping spree at Urban Outfitters. She cleaned out the shop.

Tamsyn a fait des folies chez Urban Outfitters. Elle a dévalisé la boutique.

« *Spree* » désigne une activité complaisante et souvent extrême : « *drinking spree* », par exemple, veut dire beuverie. On entendra souvent les journalistes parler de « *killing / shooting sprees* », ou crises de folie meurtrière.

Compulsive shopper (n) Acheteur compulsif

> ***Tom is a compulsive shopper. He shops whenever he feels rejected or fat.***
>
> Tom est un acheteur compulsif. Il fait du shopping dès qu'il se sent gros ou mal-aimé.

Retail therapy (n) Une expression humoristique qui signifie « shopping thérapeutique », ou le shopping comme moyen de se remonter le moral, se défouler et se débarrasser de ses frustrations.

> ***Nothing heals a broken heart like retail therapy and a bottle of wine.***
>
> Rien ne vaut le shopping thérapeutique et une bouteille de vin pour guérir les chagrins d'amour.

Ce concept va souvent de paire avec le « *buyer's remorse* » (remords de l'acheteur). Post-achat, l'animal est triste et se pose des questions existentielles : l'ai-je payé trop cher ? Me suis-je faite avoir par la vendeuse ? Ce mini short fluo imprimé léopard était-il une bonne idée ?

Shop 'til you drop Faire les magasins jusqu'à en tomber raide (« *'til* » est l'abréviation de « *until* »).

> ***We shopped 'til we dropped. But it was worth it- we found lots of vintage treasures.***
>
> On a fait les magasins sans répit. Mais ça valait le coup – on a trouvé plein de perles rétro.

Cette expression présente le shopping comme un marathon, dont l'épuisement marque la fin. Elle a été détournée de façon humoristique pas Tesco, l'un des grands supermarchés anglais : sur ses camions de livraison à domicile, la marque a fait inscrire, en jouant sur les multiples sens de « *drop* »: « *You shop, we drop* » (Vous faites les magasins, on dépose / tombe raide).

La guerre des marques

« *High street shop* » est utilisé en Angleterre pour désigner des enseignes comme Gap, Zara ou H&M, autrement dit, toutes celles qui ne tombent pas sous la catégorie des boutiques de luxe et grandes marques. Ces dernières sont appelées « *Designer stores* » (boutiques créateurs). L'usage en est très répandu, au point que « *high street* » soit devenu un adjectif à part entière.

On dira par exemple :

– Is this a designer dress?
– Are you joking? It's high street.
– C'est une robe de marque ?
– Tu plaisantes ? C'est du prêt-à-porter.

L'expression « *High street* » est une forme de métonymie : on appelle ces enseignes de prêt à porter mi-de-gamme par le nom de la rue principale (*High Street*) sur lesquelles on les trouve généralement en centre ville.

LES SOLDES

Le vocabulaire essentiel des soldes.

Sales (n) Soldes

On sale En solde

A steal / a bargain (n) Une bonne affaire

Discount (n) Remise, réduction

Reduced prices (n) Prix réduits

Slashed prices (n) Prix cassés

Clearance (n) Liquidation ou braderie

Knock 10 pounds off (v) Faire une réduction de 10 livres.

Coup de projecteur sur KNOCK

Knockoff (n) (Am) Un faux, une contrefaçon (« *a fake* » en Anglais britannique)

Do you think this is a real Louis Vuitton?

Tu crois que c'est un vrai Louis Vuitton ?

No, it looks cheap. It must be knockoff.

Non, il a l'air de mauvaise qualité. Ca doit être un faux.

Knock someone out (v) Assommer, mettre KO

It only took one punch for him to knock Michael out.

En un seul coup de poing, il avait mis Michael KO.

Knockout (n) Une fille canon, une bombe

Is this your girlfriend? What a knockout.

C'est ta copine ? C'est une vraie bombe.

Knock back (v) S'envoyer (une boisson alcoolisée)

He knocked back three shots of Tequilla.

Il a descendu trois shots de Tequilla.

Knock it off Ca suffit

Knock it off, you're really starting to annoy me!

Ca suffit, tu commences vraiment à m'énerver !

Knocked-up En cloques

She's not fat, you idiot, she's knocked up!

Elle n'est pas grosse, espèce d'idiot, elle est en cloques !

CES PETITS MALENTENDUS CULTURELS

FRANÇAIS	ANGLAIS BRITANNIQUE	ANGLAIS AMÉRICAIN
Pull	**Jumper**	**Sweater**
Slip	**Knickers / Pants**	**Panties**
Pantalon	**Trousers**	**Pants**
Gilet	**Waistcoat**	**Vest**
Marcel	**Vest**	**Undershirt**
Tresse	**Plait** (prononcé « plahte »)	**Braid**

LA MODE

« La mode est ce que l'on porte. Ce qui est démodé, c'est ce que portent les autres. »

"Fashion is what one wears oneself. What is unfashionable is what other people wear."

Oscar Wilde

Avoir du style ou ne pas en avoir ? Voici les termes dont vous aurez besoin pour faire des compliments – ou vous faire des ennemis.

Stylish/ Sharp (adj) Stylé, élégant. « *Sharp* » est souvent réservé aux hommes.

Rita Hayworth was so stylish.

Rita Hayworth était tellement stylée.

Cool
Hip
Trendy (adj) A la mode, cool

I think this top is a bit too hip for me.

Je crois que ce haut est un peu trop branché pour moi.

Fashion-forward (adj) A la pointe de la mode

They design gorgeous fashion-forward pieces.

Ils créent de superbes pièces avant-gardistes.

Edgy (adj) Pointu. C'est un terme souvent associé à l'art et qui signifie un mélange branché d'audace et d'avant-garde. Pour bien saisir la nuance du terme, il faut savoir que « *edge* » veut dire « bord » (d'une falaise, par exemple.) « *Living on the edge* », c'est vivre dangereusement.

Chanel is too classic for me. I prefer Gucci, it's edgier.

Chanel est trop classique à mon goût. Je préfère Gucci, plus audacieux.

Classy (adj) Chic

She's one classy lady.

C'est une dame très élégante.

Groomed (adj) Très soigné (usage masculin)

He doesn't look half bad when he's groomed.

Il est plutôt pas mal quand il est soigné.

Clean up good

Clean up well

Clean up nicely (v) Se dit de quelqu'un qui n'est pas particulièrement soigné, mais qui, lorsqu'il fait un effort, se révèle plutôt séduisant.

Jake always looks scruffy, but boy, does he clean up well!

Jake a toujours l'air débraillé, mais qu'est ce qu'il en jette quand il fait un effort !

Clean-cut (adj) Propre sur soi, présentable. S'emploie surtout pour les hommes.

He's a clean-cut, sweet boy, but he has no sense of humour.

C'est un garçon soigné et doux, mais il n'a aucun sens de l'humour.

Bang on trend (adj) Très tendance

Her outfit is bang on trend.

Sa tenue est hyper tendance.

Les vrais fanatiques de la mode, ceux qui ont su gravir les rangs pour accéder à un statut supérieur, peuvent revendiquer les titres suivants.

Trend-setter (n) Lanceur de mode

Naomi is a trend-setter. If she started wearing potato sacks, so would everyone.

Naomi est une faiseuse de tendance. Si elle se commençait à porter des sacs à patates, tout le monde s'y mettrait.

Fearless fashionista (n) Une modeuse intrépide

Only a fearless fashionista like you would dare to mix florals, stripes and polka dots.

Seule une modeuse intrépide comme toi oserait combiner des fleurs, des rayures et des pois.

Style icon (n) Icône de mode

I don't' really like Audrey Hepburn as an actress, but I think she was a real style icon.

Je n'aime pas trop Audrey Hepburn comme actrice, mais c'était une véritable icône de mode.

Maintenant que vous maitrisez l'art de la flatterie et que vous savez vous attirer les grâces du beau monde, voici de quoi vous attirer leurs foudres.

Tacky (adj) De mauvais gout, kitsch

This suit is so tacky. You can do much better than this.

Ce costard est vraiment de mauvais goût. Tu peux faire beaucoup mieux que ça.

Frumpy (adj) Mal fagoté

Why do you always have to look so frumpy?

Pourquoi est-ce que tu es toujours aussi mal fagoté ?

Unkempt Négligé / Débraillé

You look so unkempt. Do you not have a mirror at home ?

Tu as l'air tellement débraillé. Tu n'as pas de miroir chez toi?

Trashy / Slutty Sans classe, vulgaire, trop révélateur. « *Trashy* » vient de « *trash* » (poubelle, ordures) et « *slutty* » de « *slut* » (salope).

She's got no class whatsoever. Everything looks trashy on her.

Elle n'a absolument pas de classe. Tout est vulgaire sur elle.

A shocker Une horreur

This dress is a shocker.

Cette robe est une abomination.

So last season

So yesterday

So 10 minutes ago (Am) (adj) Passé de mode, ringard. Se prononce généralement avec une emphase sur « *so* ».

These geeky glasses are sooo 10 minutes ago.

Ces lunettes geek sont complètement passées de mode.

To have no dress sense (v) Ne pas savoir s'habiller, ne pas avoir de style

Unfortunately for Laura, money can't buy good taste. She has no dress sense whatsoever.

Malheureusement pour Laura, l'argent n'achète pas le bon goût. Elle ne sait absolument pas s'habiller.

Fashion faux-pas (n) Faute de goût

The 1980's are one big fashion faux-pas.

Les années 80 sont une énorme faute de goût.

Fashion train-wreck (n) Un désastre vestimentaire. « *Wreck* » signifie épave (« *car wreck* » veut dire carcasse de voiture) et au sens figuré, il prend le sens de « loque ».

> ***I've seen my share of fashion train-wrecks on the red carpet, but never at this scale.***
> J'ai vu mon lot de désastres sur le tapis rouge, mais jamais rien de cette ampleur.

The dress is wearing her C'est la robe qui la porte. Une inversion du classique « *girl wears dress* » (la fille porte la robe). On l'emploie quand une femme semble noyée dans une création par trop bouffante, bariolée ou imposante.

Certains faux-pas, dans la rue ou sur les podiums, sont tellement établis qu'ils ont des noms bien à eux. Voici les classiques :

Wardrobe malfunction (n) Dysfonctionnement de la garde robe, ou quand vos vêtements révèlent accidentellement une partie de votre corps qui n'est pas censée être vue (un décolleté qui glisse et dévoile un sein, une braguette ouverte, une robe transparente qui laisse entrevoir vos dessous, etc.)

VPL (Visible Panty Lines) (n) Marque de slip apparente

Mom jeans (n) Un jean taille haute, serré et peu flatteur, qui aplatit les fesses et ne rend justice à personne. Souvent associé aux mères de plus de 40 ans qui ne se soucient pas de leur apparence, d'où son nom.

Builder's bum (Brit)
Plumber's crack (Am) L'effet très attrayant d'un pantalon trop bas qui laisse entrevoir la raie des fesses.

FASHION POLICE

La « *Fashion Police* », ou police de la mode, est une entité imaginaire se chargeant de faire respecter les normes du bon goût et du style. On entendra souvent la phrase sarcastique : « *Someone call the fashion police!* » (Que quelqu'un appelle la police de la mode !) face à des tentatives vestimentaires peu convaincantes.

Le jargon des magazines

This summer's hottest styles from you favourite brands.
Les modèles incontournables de l'été par vos marques préférées.
Hot est un de ces adjectifs versatiles qui veulent dire tout et son contraire : il peut être synonyme de brûlant, piquant, épicé, recherché, sexy, à la mode ou encore volé. Le contexte vous en dira généralement long sur son sens.

Wardrobe staples: the LBD and killer heels
Les essentiels de votre garde-robe : la petite robe noire et des talons vertigineux.
LBD est l'acronyme de « *Little Black Dress* ». Même les hommes connaissent l'expression. « *Killer heels* » est synonyme de « *stilettos* » (talons aiguilles).

The season must-haves under 50 dollars.
Les indispensables de la saison pour moins de 50 dollars.
« **Must-have** » est un nom dérivé du verbe + auxiliaire : *must have.*
Par exemple : ***I must have this phone*** = Je dois absolument avoir ce téléphone.

COMME C'EST CHIC

« *Chic* » (stylé, élégant) est un adjectif qui, lorsqu'il est accouplé à certains mots, désigne une mode influencée par ces termes :

Retro chic Mode rétro caractérisée par l'adoption de styles vestimentaires d'antan, ou inspirés du passé.

Bohemian chic Bobo, mi-bourge, mi-bohème

Geek chic C'est l'anti-cool devenu hyper cool. Grosses lunettes, pulls pas très seyants, T-shirts à messages. Tout l'attirail des geeks revu et copié.

Hobo chic Un « *hobo* » (Am) est un vagabond ou un clochard (également appelé « *bum* » ou « *tramp* »). *Hobo-chic*, c'est donc une mode basée sur une superposition - pas forcément flatteuse - de pulls, cardigans, de gros bonnets et de mitaines.

Il y en a beaucoup d'autres. On ne compte plus les « *secretary chic* », « *punk chic* », « *sports chic* » etc. En décoration intérieure, la mode « *shabby chic* » (« *shabby* » veut dire miteux, défraichi) faire rage depuis quelques temps. Des meubles rustiques repeints en couleurs pastels et patinés, des rideaux à fleurs qui ont vu de meilleurs jours, des lampes à franges, du papier peint jauni: « *Shabby chic* » est un savant mélange d'objets usés par le temps ou auxquels on donne, exprès, un air vieilli.

LE SPORT

> ***« C'est juste un boulot. L'herbe pousse, les oiseaux volent, les vagues mouillent le sable. Moi, je tabasse des gens. »***
>
> *"It's just a job. Grass grows, birds fly, waves pound the sand. I beat people up."*
>
> Mohammed Ali

Sonia's very sporty.
Sonia est très sportive.

After all the junk I've been eating, I need to exercise.
Après toute la mal-bouffe que je me suis envoyé, il faut que je fasse du sport.

What's your secret for staying fit?
Quel est ton secret pour rester en forme ?

I have a daily 30 minute workout session.
J'ai une séance d'entrainement quotidienne de 30 minutes.

Don't forget to warm up. Do a few stretches before you start.
N'oublie pas de t'échauffer. Fais quelques étirements avant de commencer.

Have you seen Tom recently? He's lost a lot of weight since he started working out.
Tu as vu Tom récemment ? Il a perdu beaucoup de poids depuis qu'il a commencé à faire du sport.

My fitness regime is simple: I swim 3 times a week and eat healthy.
Mon régime de remise en forme est simple: je nage 3 fois par semaine et je mange équilibré.

You're in great shape. And so toned! How do you do it?
Tu tiens une super forme. Et tu es tellement tonique ! Comment fais-tu ?

IL FAUT CHOISIR SON CAMP

Etes-vous un « **fitness freak** » (fana du sport) ou un « **slob** » (gros lard) ?
A moins que vous ne fassiez du sport de temps en temps. Auquel cas, vous pourrez dire : *I exercise occasionally.*

SCULPTER SON CORPS

> ***« On doit être une œuvre d'art ou porter une œuvre d'art. »***
> *"One should either be a work of art, or wear a work of art."*
>
> Oscar Wilde

I want... Je veux...
a tight tum un ventre ferme
toned legs des jambes galbées
a flat stomach un ventre plat
a pert bum des fesses rebondies
cellulite-free thighs des cuisses sans cellulite
a six-pack des tablettes de chocolat
big guns de gros biceps
perfect pecs des pectoraux de rêve
abs of steel des abdos en béton

to be buff être bien gaulé
to be ripped être musclé

I want to get rid of… Je veux me débarrasser de…
my beer belly / beer gut ma bedaine (de buveur de bière)
my sagging behind mes fesses flasques
my chunky thighs mes grosses cuisses
my flabby belly mon ventre mou
my skinny arms mes bras maigres
my man boobs (moobs) ma poitrine (pour les hommes)
my love-handles mes poignées d'amour
my rolls of fat mes bourrelets
my muffin top le gras débordant d'un pantalon ou d'une jupe au niveau de la taille, et qui fait ressembler vos hanches au haut d'un muffin surplombant son moule, d'où l'expression.

PASSIONNÉ DE FOOT

> ***« Quand un homme regarde trois matchs de football d'affilée, il devrait être déclaré légalement mort. »***
>
> *"If a man watches three football games in a row, he should be declared legally dead."*
>
> Erma Bombeck

Jake lives and breathes the game.
Jake ne vit que pour le jeu.
Football is Dan's life.
Le foot représente tout pour Dan.
Tim is a football fanatic.
Tim est un fana de foot.
It's in Paul's blood.
Paul l'a dans le sang.

SPORT & CONFORT

Quoi de plus agréable que de regarder les autres s'échiner du fond de son canapé douillet ? Voici des expressions pour vous transformer en expert sportif (« *sports commentator* », ou « *pundit* »).

The stakes are high for Man United on this one.
L'enjeu est grand pour Man United sur ce coup.

It's a well-deserved goal. They worked hard for it.
C'est un but mérité. Ils ont travaillé dur pour l'avoir.

They're sliding down the league fast. They need all the points they can get.
Ils sont en train dégringoler dans les classements. Ils ont désespérément besoin de points.

They ran their socks off. You can't fault their effort.
Ils ont couru comme des fous. Difficile de critiquer leur effort.

They got such a thrashing / a hammering!
Ils se sont pris une vraie raclée !

They cracked under pressure.
Ils ont craqué sous la pression.

It was an epic win!
C'était une victoire légendaire !

No need to be a sports buff to know this is the game of the century.
Pas besoin d'être un fana de sport pour savoir que c'est le match du siècle.

Voici les surnoms des plus gros clubs de foot britanniques, pour en boucher un coin à votre homme ou crâner devant vos potes.

The Gunners = Arsenal
The Blues = Chelsea
The Reds = Liverpool
The Red Devils = Manchester United
The Magpies = Newcastle United
Spurs = Tottenham Hotspur

ETRE FAN

Des expressions à hurler, en direct ou devant votre écran de télé.

Let's go + nom de votre équipe ! (Am)
Come on + nom de votre équipe !
Get in! (Brit) L'équivalent de « Allez ! ».

Back of the net! (Brit) Une exclamation de joie quand un but est marqué. S'utilise aussi entre potes, si l'un d'eux parvient à ramener une jolie fille chez lui.

Stop hogging the ball (Brit) Arrête de monopoliser le ballon
Referee! Arbitre !

Foul! Faute ! (prononcé « faoul »)

Who ate all the pies? (Brit) Qui a mangé toutes les tartes?
Une méchanceté que le public anglais scande souvent dans les matchs quand il repère un joueur de l'équipe adverse avec un peu d'embonpoint.

Man on! (Brit)
Un avertissement du public lorsqu'un joueur est sur le point de se faire tacler.

Lexique sportif

Footie (Brit) Foot

Soccer (Am) Football

Derby (Brit), **Crosstown rivalry** (Am) Un match entre deux équipes rivales de la même région. Derby est prononce « dahbi ».

To draw against someone (v) Faire match nul contre quelqu'un

Draw / Tie (n) Match nul

Even-steven (adj) Une autre expression signifiant match nul.

A bore draw (n) Un match très ennuyeux et qui se solde par un match nul

To score (v) Marquer un but

Score (n) Score, résultat

Hat-trick (n) Coup de chapeau. S'emploie lorsqu'un joueur marque trois buts au cours du même match.

Coach (n) Entraineur

Coach a team (v) Entrainer une équipe

Goal (n) But

Own goal (n) Un but marqué contre sa propre équipe

Play at home / away (v) Jouer à domicile / à l'extérieur

Nutmeg (n) Petit pont. Consiste à faire passer le ballon entre les jambes d'un adversaire, et le récupérer ensuite.

LES EXPRESSIONS SPORTIVES DÉCRYPTÉES

L'anglais est très imprégné d'expressions sportives, particulièrement aux Etats-Unis, dont elles sont pour la plupart originaires. Que ce soit à la télé, dans les journaux, au bureau ou entre amis, elles sont omniprésentes. Autant savoir les manier avec dextérité.

We need to stay* on the ball*.

On doit rester alerte/ au courant.

Cet idiome vient de l'expression « *keep your eye on the ball* » (garder l'oeil sur le ballon), le conseil de base dans la plupart des sports de balle. Au sens figuré, c'est rester informé.

What's your* game plan*?

Quel est votre plan d'action ?

Issue du football américain, « *game plan* » est la stratégie de jeu mise en place par l'entraîneur.

Good luck with your* pitch *tomorrow!

Bonne chance avec ta présentation demain !

« *Pitch* » (nom et verbe transitif) signifie un lancer ou lancer. Le terme vient du base-ball et désigne l'action du lanceur vers le batteur. On utilise beaucoup ce terme dans le milieu professionnel où, selon le contexte, il signifie « présenter / présentation » ou « promouvoir / promotion » (dans le sens de faire de la publicité, essayer de convaincre quelqu'un ou de vendre quelque chose).

Keep it up guys, we're* in the home stretch*!

Tenez bon les gars, c'est la dernière ligne droite !

Comme sa traduction française, « *home stretch* » désigne la partie du champ de course comprise entre le dernier tournant et la ligne d'arrivée. Au sens figuré, c'est s'approcher de la fin, être dans la phase d'arrivée.

***There is no time for questions. We need* to take the ball and run with it.**

On n'a pas le temps de se poser des questions. On doit continuer sur notre lancée.

L'expression vient du football américain, où il s'agit littéralement de courir en avant le plus vite et le plus loin possible. Au sens figuré, l'expression signifie prendre ses responsabilités et faire de son mieux pour mener un projet à terme.

I don't need an exact number, but could you give me the* ballpark figures *for this project?

Je n'ai pas besoin du chiffre exact, mais pouvez-vous me donner une estimation approximative pour ce projet ?

« *Ballpark* » est un stade de baseball. « *Ballpark figure* » vient d'une autre expression, « *in the ballpark* » qui signifie « dans le stade » ou, au sens figuré, « dans une limite acceptable ». Par extension, « *ballpark figure* » signifie un chiffre approximatif.

Do you think he's going* to play ball*, or should we look elsewhere?

Est-ce qu'il va jouer le jeu, ou est-ce qu'on doit aller voir ailleurs ?

« *Play ball* », c'est jouer au ballon. Le sens idiomatique est : collaborer avec quelqu'un, jouer le jeu. On utilise également l'expression « *to play hard-ball* », c'est-à-dire employer la manière forte, ne pas y aller de main morte.

***His reply was completely* out in left field.**

Sa réponse était complètement à côté de la plaque.

Cette expression vient également du baseball, bien que son origine exacte soit sujette à polémique.

We need to* tackle *this problem now.

On doit remédier à ce problème tout de suite.

« *Tackle* », en football, signifie tacler. Il s'agit donc d'aborder un problème de la même manière que le ballon, en le prenant en charge.

UN MONDE VIRTUEL

> ***« A ma mort, je souhaite léguer mon corps à la science fiction. »***
> *"When I die, I'm going to leave my body to science fiction."*
>
> Steven Wright

Parlez-vous le *Leet* ?

Le langage des accros aux jeux vidéo est une langue étrange, presque étrangère pour les non-initiés.

Le *Leet speak* vient de l'expression anglaise « *elite speak* », littéralement, le langage de l'élite. C'est une forme d'écriture symbolique, utilisant des signes et des chiffres à la place des lettres de l'alphabet : *LEET* en *leet speak* s'écrit, par exemple « 1337 ».

Il possède également un vocabulaire propre, et les termes employés par ce langage sont proches de l'argot d'internet, que le leet a beaucoup inspiré. On y retrouve par exemple les mêmes abréviations et acronymes – par exemple BRB pour « *Be right back* » (bientôt de retour). L'utilisation du *leet speak*, à l'origine limitée aux « *hackers* » (pirates), est aujourd'hui largement répandue dans les communautés de joueurs en ligne, les forums et les « chat ».

N00b (n) Prononcé « noub ». Un *n00b* est un joueur sans expérience. Ce terme est l'équivalent *leet* de « *newbie* », qui signifie néophyte, mais avec une connotation péjorative.
Nub (n) Pire qu'un *n00b*, un nub est une personne qui, sans être un *n00b*, est vraiment nulle à un jeu vidéo, et ce malgré la pratique ou l'expérience.

Troll (n) Une personne qui participe dans les forums de discussion dans le seul but de contrarier les autres participants et d'attiser les tensions.

Flamewar (n) Un échange d'insultes ou de commentaires blessants.

To pwn (v) Prononcé « pown ». Vaincre l'ennemi, le terrasser.

Woot Une exclamation de joie, comme « *whoohoo!* » ou « *yay!* », elle est à l'origine l'acronyme de « *we owned the other team* » (on a écrasé l'équipe adverse).

Loot Ninja (n) Un joueur qui s'empresse de piller un butin derrière le dos d'un second joueur, ce dernier étant occupé à se battre contre la foule qui les défendait.

To camp (v) Se cacher et attendre, souvent dans le but de tuer l'adversaire sans qu'il s'en doute.

Gameja-vu (n) Inspiré de « déjà-vu », c'est la sensation d'avoir déjà joué à un jeu.

IRL Acronyme de « *In real life* » (dans la vraie vie).

To get disco'd (v) Etre déconnecté du serveur.

FILMS & CINÉMA

« Je ne veux pas atteindre l'immortalité grâce à mon oeuvre… Je veux atteindre l'immortalité en ne mourant pas. »

"I don't want to achieve immortality through my work... I want to achieve it through not dying."

Woody Allen

Voici quelques expressions pour parler ciné comme un pro :

Go to the movies (Am) Aller au ciné

Do you want to go to the movies tonight?

Ca te dit d'aller au ciné ce soir?

Flick (n) Film

My all-time favourite flick is "The Philadelphia story".

« Indiscrétions » est mon film préféré de tous les temps.

Twist (n) Dénouement inattendu

It's a very tense thriller, but the twist is disappointing.

C'est un thriller très tendu, mais le dénouement est décevant.

Vamp (n) Un personnage de femme fatale, dans les livres ou les films.

Rita Hayworth is the ultimate vamp.

Rita Hayworth est la femme fatale absolue.

Guilty-pleasure (n) Plaisir coupable

Hugh Jackman is my little guilty pleasure.

Hugh Jackman est mon petit plaisir coupable.

Spoiler (n) Une information qui dévoile un évènement clef de l'intrigue d'un film ou d'une série. Vous verrez souvent l'avertissement : « *SPOILER ALERT!* » dans des articles, pour prévenir le lecteur que des révélations cruciales vont être faites.

I haven't seen it yet, I don't want spoilers!!

Je ne l'ai pas encore vu, je ne veux rien savoir !!

Trailer (n) Bande-annonce

These days, trailers tell you the whole story. What's the point of going to the cinema if you already know what's going to happen?

De nos jours, les bandes-annonces dévoilent toute l'intrigue. Pourquoi aller au cinéma si on sait déjà ce qui va se passer ?

Teaser (n) Une bande annonce très courte qui, comme son nom l'indique, vous « allume » : elle ne révèle pas grand chose de l'intrigue mais vous met l'eau à la bouche avec des images chocs.

Have you seen that teaser? It's AMAZING.

T'as vu ce *teaser* ? Il est GENIAL.

Movie buff (n) Un mordu de cinéma

Lou is a real movie buff. She can watch 3 films in a row.

Lou est une vraie mordue de cinéma. Elle peut regarder jusqu'à 3 films d'affilée.

TV junkie (n) Un accro de la télé

Get off your butt you TV junkie! We're going out!

Bouge tes fesses espèce d'obsédé du petit écran ! On sort !

Buzz (n) Désigne l'effet d'excitation et d'anticipation autour d'un film, d'un acteur ou d'un réalisateur.

There was a huge buzz surrounding this film at Cannes last year.

On ne parlait que de ce film l'année dernière à Cannes.

Hype (n) Battage médiatique

There is a lot of hype about the lastest Spielberg production.

Il y a un grand battage médiatique autour de la dernière production de Spielberg.

Indie movie (n) Un film indépendant

Indie movies have more soul than the usual Hollywood nonsense.

Les films indé ont plus d'âme que les bêtises hollywoodiennes habituelles.

Cameo (n) Brève apparition

Did you know Alfred Hitchcock always did a cameo in his films?

Tu savais qu'Alfred Hitchcock faisait toujours une brève apparition dans ses films ?

Flop, **Box Office Bomb** (n) Un film qui est un échec total au box office, un flop, un fiasco.

Here's the list of the biggest flops ever.

Voici la liste des plus grands flops de tous les temps.

LES ÉMOTIONS FORTES

« Pour moi, le cinéma n'est pas une tranche de vie, c'est une tranche de gâteau. »

"For me, cinema is not a slice of life but a piece of cake."

Alfred Hitchcock

I hate it when my girlfriend makes me watch chick flicks with her on Saturday nights, especially when the football is on.

Je ne supporte pas que ma copine me fasse regarder des films pour gonzesses les samedis soir, surtout quand il y a du foot à la télé.

« *Chick flick* » est une expression consacrée et quelque peu péjorative qui signifie « film pour nanas ». Désigne généralement des comédies romantiques ou des films sentimentaux.

I like rom-coms. I know they're silly, but they just make me feel happy.

J'aime les comédies romantiques. Je sais qu'elles sont bébêtes mais elles me font du bien.

« *Rom-com* » est l'abréviation de « *romantic comedy* ».

Paramount studios just postponed the release of their latest blockbuster.

Les studios Paramount viennent de repousser la sortie de leur dernière superproduction.

« *Blockbuster* » est une superproduction ou un film à grand succès commercial.

It's not the most subtle of films, but it's action-packed and entertaining.

Ca n'est pas le film le plus subtil, mais il est bourré d'action et divertissant.

What a hair-raiser!

Quel film terrifiant!

« *Hair-raiser* » : quelque chose qui vous fait dresser les cheveux sur la tête, ou un film qui provoque de l'excitation, de la peur et des frissons.

I hate biopics. They're overly long and boring.

Je haie les films biographiques. Ils sont trop longs et ennuyeux.

John Stahl is my favourite tear-jerker director. I always end up sobbing.

John Stahl est mon directeur de mélodrames préféré. Je finis toujours en sanglots.

« *Tear-jerker* » est un terme péjoratif décrivant un mélodrame ou tout film forçant sur les émotions. Signifie littéralement « tire-larme ».

I've had such a bad week. I need a feel-good movie, not another disaster movie.

J'ai eu une semaine vraiment difficile. J'ai besoin d'un film léger, pas un de ces films catastrophes.

Un « *feel-good movie* » est un film qui remonte le moral.

« I love you man » is the epitome of a bromance.

« I love you man » est le prototype d'une « *bromance* ».

Mot-valise formé par la fusions de « *brother* » et « *romance* », « *bromance* » désigne une relation amicale très intime et complice (mais platonique) entre deux hommes hétérosexuels. Par extension, tout film qui se centre sur ce type d'amitié.

#6

Le travail, c'est la santé !

A L'ECOLE

« Si j'étais directeur d'école, je me débarrasserais du professeur d'histoire et je le remplacerais par un professeur de chocolat ; mes élèves étudieraient au moins un sujet qui les concerne tous. »

"If I were a headmaster, I would get rid of the history teacher and get a chocolate teacher instead and my pupils would study a subject that affected all of them."

Roald Dahl

Quelques expressions se rapportant au monde scolaire et universitaire.

Cram (v) Bachoter

I can't make it to the movies tonight, gotta cram for tomorrow's history test.

Je ne peux pas aller au ciné ce soir, je dois bachoter pour le contrôle d'histoire de demain.

All-nighter (n) Nuit blanche - s'applique aussi bien à une nuit studieuse qu'à une soirée festive.

I'll have to pull an all-nighter to finish my English paper.

Je vais devoir faire une nuit blanche pour finir ma dissertation d'Anglais.

Cut class
Ditch class
Skip class
Skive off school (v) Sécher les cours

> ***Mr Chambers is an old fart. I'm cutting math class this pm.***
> M. Chambers est un vieux schnock. Je vais sécher le cours de maths cet aprèm.

Straight A's Les notes utilisées dans les écoles anglo-saxonnes sont les lettres de l'alphabet. A est le plus élévée, F la plus basse (F pour « *Fail* » c'est-à-dire échouer ; cette note a pour conséquence d'être recalé). L'expression « *straight A's* » s'utilise quand quelqu'un a la note la plus élevée dans toutes les matières.

> ***She got straight A's on her report cards, yet she's always saying she's well prepared for exams. So annoying.***
> Elle cartonne dans toutes les matières mais ça ne l'empêche pas de dire avant chaque contrôle qu'elle n'est pas assez préparée. C'est agaçant.

High school

LA JUNGLE À L'AMÉRICAINE

Nerd / Geek / Dork / Dweeb

Ces termes, souvent interchangeables (bien qu'ayant des nuances distinctes) désignent des personnes socialement ineptes dont l'intelligence est souvent supérieure à la moyenne. Les autres caractéristiques de ce stéréotype incluent des loisirs obscurs (un amour de l'électronique, de l'informatique et des jeux de rôle), une incompétence sportive notoire et traditionnellement, des lunettes. Le « *geek* » est incarné dans de nombreuses séries et films américains.

Les « *geeks* », souvent relégués à la catégorie des « *losers* », sont les souffre-douleurs par excellence des « *winners* » :

Popular (adj) Faire partie des « *popular kids* », c'est souvent être aisé, à la mode et sûr de soi. Pas nécessairement aimables, ils sont surtout intimidants.

Le terme, en dehors des strictes codes sociaux scolaires, signifie simplement avoir beaucoup d'amis.

Mean girls (n) Expression rendue populaire par le film éponyme (2004), elle désigne un groupe de filles « populaires » qui sèment la terreur grâce à un savant mélange de manipulation et d'agressivité.

Queen Bee (n) La « *mean girl* » en chef, elle est à la tête de la meute.

LE *GEEK*, C'EST CHIC

Si, pendant un temps, ce terme était une insulte socialement accablante, assénée par les pom-pom girls et capitaines de l'équipe de football, il est désormais revendiqué comme un badge d'honneur et a acquis une connotation méliorative, voire carrément cool. La série « The Big Bang Theory » est un symptôme de cette évolution.

Surprise test (Brit)

Pop quizz (Am) (n) Contrôle surprise

We got a pop quizz in French class. I totally blew it.

On a eu un contrôle surprise en cours de Français. Je l'ai complètement foiré.

Nail

Ace

Kill (vt) Réussir quelque chose brillamment. L'équivalent d'assurer, ou déchirer. Emploi généralisé, non limité au domaine scolaire.

I aced it!

J'ai assuré !

I killed my interview yesterday. The job is mine, I know it!

J'ai déchiré mon entretien hier. Je vais avoir ce taf, c'est sûr !

Blow

Bomb

Flunk (vt) Echouer, rater. L'équivalent de foirer, merder.

I already know I'm going to bomb the exam. I should've studied harder.

He sens déjà que je vais foirer cet exam. J'aurais dû bosser plus.

I really blew it. Now she doesn't even want to speak to me.

J'ai vraiment foiré mon coup. Elle ne veut même plus me parler maintenant.

Flunk out (v) (Am) Etre obligé de quitter l'école ou la fac à cause de mauvaises notes.

Fred flunked out of NYU but it doesn't seem to bother him too much.

Fred s'est fait jeter de NYU mais ça n'a pas l'air de trop le déranger.

Drop out (v)

Drop-out (n) (Am) Abandonner l'école ou la fac avant d'avoir compléter son cursus et obtenu ses diplômes. Ou une personne ayant abandonné ses études sans qualifications.

Anna dropped out of uni and went travelling for a year.

Anna a laissé tomber la fac et est partie voyager pendant un an.

To be cut out for Etre fait pour quelque chose (dans le sens : avoir le profile requis).

Liisa is simply not cut out for A levels. She's not clever enough.

Liisa n'a tout simplement pas ce qu'il faut pour le bac. Elle n'est pas assez intelligente.

Screwed/ Fucked (adj) Etre foutu

Dan didn't study for the test. He's so screwed.

Dan n'a pas révisé son examen. Il est vraiment dans la merde.

Brush up on (vtr) Rafraichir ses connaissances.

I need to brush up on my Spanish before my trip to Argentina.

Je dois me remettre à niveau en espagnol avant mon voyage en Argentine.

Hit the books (v) Reviser, étudier

Your grades aren't good enough. You really need to start hitting the books.

Tes notes ne sont pas assez bonnes. Tu dois vraiment t'y mettre sérieusement.

Show up (v) Se pointer.

Look who's decided to show up. I thought you were skiving today.

Regardez qui a décidé de se pointer. Je croyais que tu séchais aujourd'hui.

Know-it-all (n) Terme péjoratif pour designer quelqu'un qui prétend tout savoir sur tout. Souvent employé avec un brin d'irritation ou d'exaspération.

Joanna is such a know-it-all!

Joanna est une vraie madame-je-sais-tout !

Teacher's pet Le chouchou. « *Pet* » seul signifie animal domestique, mais dans certains contextes, il peut être synonyme de chouchou.

Of course she gave you a good grade Alex. You're her pet!

Evidemment qu'elle t'as mis une bonne note Alex. T'es son chouchou !

LA VIE DE BUREAU

> ***« J'aime le travail : il me fascine. Je peux m'asseoir et le regarder pendant des heures. »***
>
> *"I like work: it fascinates me. I can sit and look at it for hours."*
>
> Jerome K Jerome

CES TERMES QUI EN JETTENT

Voici des termes qui prennent des airs très importants, et cachent souvent une réalité autrement plus médiocre.

Mentoring (n) Une forme de tutorat professionnel.
Une pratique qui consiste, au sein d'une même équipe, à confier la prise en charge d'un nouveau membre à un membre expérimenté (le « *mentor* »). Ce dernier est supposé offrir à l'employé junior un soutien nécessaire au développement de sa carrière. En théorie, un « *mentor* » est mi-collègue, mi-pote. En réalité, c'est souvent un type qui ne sert à rien.

Hot-desking (Brit) (n) La formule est plus excitante que sa définition, puisque « *hot-desking* » signifie partage de bureau.
Le « *hot desking* » consiste à partager un nombre de bureaux limité entre plusieurs employés, le but de l'opération étant la réduction des coûts. Ainsi, si plusieurs employés sont en vacances, leurs bureaux (qui ne sont pas vraiment les leurs) pourront être attribués aux employés à mi-temps.
On suppose que le terme « *hot* » fait allusion à la chaleur des bureaux et claviers, qui sont toujours occupés.

Brainstorming (n) Remue-méninges

Le « *brainstorming* » est une technique censée accélérer et améliorer la production d'idées pour résoudre un problème donné. De nos jours, on emploie ce terme de façon libérale, pour pousser les employés à une réflexion proactive. En général, c'est une séance où une poignée de gens font de la lèche pendant que les autres pensent à ce qu'ils vont manger à midi.

LEXIQUE PROFESSIONNEL

Send an application (v) Envoyer sa candidature

Coffee break (n) La sacrosainte pause café

Pay day (ou **payday**) (n) Jour de paie. Se termine généralement par une beuverie.

Overtime (n) Les heures sup

Call in sick (v) Appeler pour se faire porter malade.

Get the sack / Get sacked / Get your P45 / Get the chop (Brit)
Get fired / Get a pink slip / Get the axe (Am)
Ces expressions signifient se faire virer, être mis à la porte.
L'expression « *get the sack* », typiquement britannique, nous vient de l'époque où les ouvriers transportaient leurs outils (et la plupart de leurs biens) dans une petite sacoche (« *sack* ») qu'ils emportaient quand ils quittaient une mission pour une autre. « *Get your P45* » et son équivalent américain « *get the pink slip* » découlent de la procédure administrative et prend le nom (*P45*), ou la couleur (« *pink* », donc rose), du document donné à l'employé au moment où il quitte une entreprise.

Be made redundant (Brit)
Get laid off (v) Se faire licencier

To hand in (one's) notice Donner sa démission

To quit (v) Démissioner

Notice period (n) Période de préavis

Take a career break
Take a sabbatical
Go on a sabbatical Prendre un congé sabbatique

Fill out Compléter ou remplir (un document ou un questionnaire, par exemple).

Coup de projecteur sur FILL

Fill someone in Rencarder, mettre au jus

I have an emergency. Could you fill me in as soon as I get back?

J'ai une urgence. Tu peux me tenir au courant dès que je reviens ?

Fill in for someone Remplacer quelqu'un

Brenda will be on holiday then. Brian, you'll have to fill in for her.

Brenda sera en vacances à ce moment là. Brian, il faudra que tu couvres pour elle.

Fill (a post, a vacancy) Pourvoir ou occuper (un poste)

We need to find a suitable candidate to fill the assistant editor position.

On doit trouver un candidat convenable pour pourvoir le poste d'assistant d'édition.

Fill up (the kettle) Remplir (la bouilloire)

Time for a cup of tea. Sadia, will you fill up the kettle?

C'est l'heure du thé. Sadia, tu peux remplir la bouilloire ?

You have big shoes to fill (idiom) La barre est haute pour toi

L'expression implique que le prédécesseur (celui dont il faut « remplir les chaussures ») était une pointure, et qu'il sera difficile pour le nouvel arrivant de le remplacer.

TRAVAILLER COMME UN FORCENÉ

« Mon père m'a appris à travailler ; il ne m'a pas appris à aimer le travail. »

"My father taught me to work; he did not teach me to love it."

Abraham Lincoln

Overworked (adj) Surmené

> ***I'm doing the job of 2 people since Kathy quit. I'm completely overworked.***
>
> Je fais le travail de 2 personnes depuis que Kathy a démissionné. Je suis complètement surmené.

Swamped

Snowed under (adj) Deux adjectifs très imagés, qui s'inspirent tous deux d'évènements naturels dramatiques: « *swamp* » signifie marais, ou marécage, et « *swamped* » signifie inondé. « *Snowed Under* » veut dire enseveli sous la neige. Au sens figuré, les deux termes sont synonymes de débordé, submergé de travail. Ces deux adjectifs peuvent s'utiliser seuls, ou accompagné de « *with* » + objet.

> ***I'm swamped with applications, I don't know where to start.***
>
> Je suis inondée de candidatures. Je ne sais pas par où commencer.
>
> ***I'm completely snowed under these days.***
>
> Je suis complètement débordé ces jours-ci.

Work like a dog (v) Travailler d'arrache-pied, ou comme un chien.

> ***I'm working like a dog and they don't even appreciate it.***
>
> Je travaille comme un forcené et ils ne s'en rendent même pas compte.

Rat-race (n) Foire d'empoigne. L'expression « *rat race* » (littéralement course de rats) désigne le stress et la compétition acharnée du quotidien, l'aspect usant d'une routine harassante où chacun protège ses propres intérêts.

I've had it with this rat race, I want to be my own boss and live stress-free.

J'en ai assez de cette foire d'empoigne, je veux être mon propre patron et vivre sans stress.

Burn out Au sens propre, c'est s'éteindre (en parlant par exemple d'une bougie). Au sens figuré, c'est se consumer, s'épuiser à force de travail.

Working 60 hours a week has burnt him out.

Travailler 60 heures par semaine l'a usé.

LE COIN DES FLEMMARDS

> ***« Le mouton paresseux trouve sa laine trop lourde. »***
>
> *«A lazy sheep thinks its wool heavy»*
>
> Proverbe anglais

Pull a sickie (v) Ne pas venir au bureau en prétextant une maladie quand, en réalité, vous avez juste la flemme de vous pointer.

I can't face going to work tomorrow. I'm gonna pull a sickie.

Je n'ai aucune envie d'aller travailler demain. Je vais me faire porter pâle.

Slack off (v) Se relâcher dans son travail, se laisser aller

If he catches you slacking off, you're gonna get in trouble.

S'il t'attrape en train de fainéanter, tu vas t'attirer des ennuis.

Goof around (v) Faire l'andouille. « *Goof-off* » en anglais américain signifie tirer au flanc.

> ***Marc, stop goofing around and do some work !***
> Marc, arrête de faire l'andouille et mets-toi au travail !

Botch (vt) Bâcler, torcher

> ***This report is important. Don't botch it!***
> Ce rapport est important. Ne le torche pas !

Half-assed (Am) **/ Half-arsed** (brit) (adj) Foireux, médiocre. Sous-entend de la mauvaise volonté et un manque d'enthousiasme.

> ***This is a half-arsed attempt, at best.***
> C'est, au mieux, une tentative médiocre.

Mess up
Screw up
Cock up
Fuck up (b) Foirer, merder.

> ***If I screw this up, I will get the sack.***
> Si je foire ça, ils vont me mettre à la porte.

I can't be bothered
I can't be arsed (Brit) Avoir la flemme de faire quelque chose. Pas d'humeur, trop mou, pas motivé.

> ***I can't be arsed to clear up my desk.***
> J'ai la flemme de ranger mon bureau.

LA VIE PRO, UNE AVENTURE DE L'EXTRÊME

Voici quelques expressions idiomatiques qui dépeignent le monde du travail comme un haut-lieu d'intrigues et d'action. Amateurs de sensations fortes, l'anglais pro est pour vous.

Make waves (v) Faire des vagues, c'est à dire créer des problèmes ou refuser de disparaitre discrètement.

> ***We can't bury this story. Jim won't go quietly, he's going to make waves.***
> On ne peut pas enterrer cette histoire. Jim ne partira pas discrètement, il va faire des vagues.

Career suicide (n) Suicide professionnel. Une action qui provoque la perte d'un emploi et compromet toute chance de trouver un emploi futur.

> ***He insulted the CEO? You're joking. That's career suicide!***
> Il a insulté le directeur général ? Tu plaisantes. C'est un suicide professionnel !

Fall guy (n) Le bouc émissaire. La personne sur laquelle on place, injustement, la responsabilité d'une faute, souvent pour le bénéfice de personnes plus haut-placées.

> ***I refuse to be the fall guy for a bad call I didn't make.***
> Je refuse d'être le bouc émissaire pour une mauvaise décision que je n'ai pas prise.

Take the fall for (v) Endosser la responsabilité d'une action aux impacts négatifs à la place de la personne responsable.

> ***Eloi would do anything for Roy. But taking the fall for him… that's a stretch.***
> Eloi ferait n'importe quoi pour Roy. Mais de là à porter le chapeau à sa place…

Hit the ground running (v) Cette expression était employée au sens littéral au début du 20e siècle par des journaux narrant de façon sensationnaliste des aventures de parachutistes qui atterrissaient dans des zones de guerre et des bandits qui s'échappaient de trains en marche, et qui, ayant à peine touché terre, se propulsaient dans une course effrénée. Au figuré, elle signifie démarrer sur les chapeaux de roue. C'est un cliché robuste que l'on entend à tout bout de champ en entreprise.

You have joined us at a crucial time, James. We expect you to hit the ground running.

Tu nous as rejoint à un moment décisif, James. On s'attend à ce que tu démarres sur les chapeaux de roue.

Can't hack it (v) Ne pas tenir le coup, ne pas y arriver. Une expression qui s'applique, par exemple, dans le cas d'une personne qui va craquer sous la pression. « To hack » signifie taillader, couper.

Tim looks stressed and overworked. I don't think he can hack it.

Tim a l'air stressé et surmené. Je ne pense pas qu'il va tenir le coup.

Throw under the bus (v) S'éviter une prise de responsabilité en trahissant quelqu'un (en l'accusant des faits ou en lui faisant endosser la responsabilité). L'expression se traduit littéralement par « jeter sous le bus »

That bitch Gemma Thomas from the marketing department threw me under the bus!

Cette pétasse de Gemma Thomas du département marketing m'a jetée en pâture (aux lions) !

Throw someone in at the deep end (v) Mettre quelqu'un dans une situation (souvent professionnelle) difficile, sans préparation ou entrainement préalable ni soutien. L'expression fait probablement allusion au « *deep end* » (côté profond) d'une piscine. A moins de savoir nager, la victime sera noyée.

It was my first day at work and they made me handle a client complaint. Talk about being thrown in at the deep end.

C'était mon premier jour et ils m'ont demandé de m'occuper d'une plainte client. Tu parles d'un baptême du feu.

LES COMMÈRES

> ***« Trois personnes peuvent garder un secret – si deux d'entre elles sont mortes. »***
> *"Three may keep a secret, if two of them are dead."*
>
> Benjamin Franklin

QUE SERAIT LA VIE DE BUREAU SANS LES RAGOTS ?

Office gossip Potins de bureau

Have you heard? Vous connaissez la dernière ?

Hear something through the grapevine
Hear something on the grapevine Entendre dire (par ouï dire). Une jolie expression qui se traduit littéralement par « j'ai entendu dire à travers les vignes ». Comme dans la chanson de Marvin Gaye.

Rumour has it (that) Le bruit court (que)

Gossip king / queen Roi / reine des commères

Juicy gossip Ragots croustillants

Spread rumours Propager des rumeurs

Dish the dirt Raconter des ragots

Talk behind someone's back Parler dans le dos de quelqu'un (en dire du mal).

Hear it from the horse's mouth Apprendre quelque chose de source sûre (littéralement : de la bouche du cheval).

ABRÉVIATIONS COURANTES

ASAP	*As Soon As Possible*	Aussi vite que possible. Prononcé : « èy èss èy pi » (toutes les lettres sont prononcées individuellement), ou « èy sap ».
CC	*Carbon Copy*	Copie carbone. Une des options dans l'envoi d'emails groupés.
CEO	*Chief Executive Officer*	Prononcé : « ci i o » PDG
COB	*Close of Business*	En fin de journée (journée de travail, donc aux alentours de 18h). Prononcé : "ci o bi".
COD	*Cash on Delivery*	Paiement à la livraison.
ETA	*Estimated Time of Arrival*	Estimation d'heure d'arrivée. Prononcé : « i ti èy »
i.e.	*id est (meaning : 'that is')*	Une conjonction qui annonce une explication et signifie « C'est-à-dire ». S'emploie généralement à l'écrit, mais il n'est pas rare de l'entendre dans des conversations.
K	*Thousand*	Mille, prononcé « keille ». S'utilise souvent pour les salaires. On parlera par exemple de 40K au lieu de 40 000 livres.
N/A	*Not Applicable*	Prononcé « ène èy ».
NB	*Nota Bene (it is important to note)*	La même utilisation qu'en français.
PA	*Personal Assistant*	Assistante. Prononcé : « pi èy" »
PR	*Public Relations*	Relations Publiques. Prononcé : « pi ar »
RSVP	*Répondez S'il Vous plait*	Une abréviation éhontément volée à la langue française. Utilisée en général dans le cadre d'invitations pour inciter les invités à confirmer leur présence. Prononcé : « ar èss vi pi. » Souvent précédé de « please ».
VIP	*Very Important Person*	Tout le monde connait cette abréviation, prononcée : « vi aïe pi ».

LE PALMARÈS DES EXPRESSIONS BUSINESS CRISPANTES

> ***« Il n'y a rien de plus dangereux qu'un idiot plein de ressources. »***
>
> *"There's nothing more dangerous than a resourceful idiot."*
>
> Scott Adams

Le monde anglo-saxon raffole des métaphores, et le secteur professionnel en porte le flambeau. Le jargon des dirigeants, appelé « *management speak* », est féru de sensationnel. Tout doit sembler plus impressionnant, plus brillant, plus cool. On a la pêche, on est proactif, on travaille en équipe, on fonce dans le tas. Et ce faisant, on crée une nation d'employés extrêmement… agacés.

10. In a nutshell

En résumé. Cette expression est inoffensive et plutôt mignonne, puisque « *nutshell* » signifie coquille de noix. « *Put something in a nutshell* » c'est le contenir, le dire en peu de mots.

> ***In a nutchell, we're screwed.***
>
> En bref, on est dans la merde.

9. Elephant in the room

Cette joyeuse image (l'éléphant dans la pièce) désigne un problème (politiquement incorrect, délicat ou embarrassant) dont tout le monde est conscient mais que personne ne souhaite aborder. « *Avoid the elephant in the room* », c'est en somme faire l'autruche. Si vous associez l'éléphant à un problème fastidieux de bureau, analysé sous toutes ses coutures par un type gris en costard, il perd son charme fantasque et vous écrabouille de toute la lourdeur pachydermique de son cliché.

> ***We can't avoid the elephant in the room forever. We need to discuss the complaint for harassment filed against Michael.***
>
> On ne peut pas faire l'autruche plus longtemps. On doit parler de la plainte pour harcèlement déposée contre Michael.

8. Pushing the envelope

C'est-à-dire « pousser les limites du possible ». L'expression provient à l'origine du jargon aéronautique : « *flight envelope* » (domaine de vol), terme en usage depuis la seconde guerre mondiale, désigne les vitesses maximale et minimale, la puissance et l'altitude à laquelle un avion peut être piloté en toute sécurité. L'expression est l'équivalent de « plus haut, plus vite, plus loin » (« *higher, faster, farther* »), également héritée du secteur aéronautique. Cette dernière est désormais plutôt réservée au domaine sportif - un cliché de moins pour la grande famille « *corporate* ». « *Pushing the envelope* », c'est la nouvelle frontière : il s'agit d'accéder à un monde au delà de celui dans lequel nous vivons. L'expression peut prendre le sens (surtout en dehors du contexte professionnelle) de « pousser le bouchon » :

> ***That's enough. Don't push the envelope.***
> Ca suffit. Ne pousse pas le bouchon.

On peut également dire :

> ***Dont' push it.***
> N'éxagère pas.

7. Give me a heads up

« *Give someone a heads up* » c'est avertir quelqu'un de quelque chose, les prévenir. Typiquement américaine, son usage s'est propagé au Royaume-Uni. Il s'agit d'une autre expression issue du domaine sportif (on le retrouve en baseball et en football américain sous la forme « *heads up !* », c'est-à-dire « attention !»).

6. At the end of the day

En fin de compte. Mâchée et remâchée, cette expression s'utilise à tort et à travers et dans tous types de contexte, au point d'en écœurer beaucoup.

> ***At the end of the day, we're only human and mistakes will be made. But try to avoid them.***
> Au final, personne n'est parfait et des erreurs seront faite. Mais essayons de les éviter.

5. It's not rocket science / It's a no-brainer

Deux expressions plutôt condescendantes pour dire : ça n'est pas sorcier (« *rocket science* », c'est la science des fusées, ou fuséologie). Cette expression a fait son apparition peu après la guerre froide, avec l'émergence des missiles dans l'imaginaire collectif. Si l'on vous installe un nouveau logiciel informatique et que vous avez l'air inquiet, l'informaticien vous dira sans doute : « *Don't worry, it's a no-brainer* ». Une expression qui n'a aucunement l'intention d'insulter, qui se veut même rassurante, mais qui n'a jamais fait avancer les choses (à part peut-être précipiter quelques crises de nerfs).

> ***Guys, focus. It's not rocket science, for God's sake!***
> Les gars, concentrez-vous. C'est quand même pas sorcier, nom de Dieu!
>
> ***It's a no-brainer. You simply push the red button, then the green button, then if the light goes off you press the red one again, if it lights up gain you press the yellow one, etc.***
> C'est fastoche. Tu appuies juste sur le bouton rouge, puis le vert, si la lumière s'éteint tu presses le rouge à nouveau, et si elle se rallume tu appuie sur le jaune, etc.

4. Bring your A-game (Am)

Encore une formule sportive - on entendra souvent un entraîneur dire à ses jouers : « *Bring your A-game tomorrow* » avant un match, par exemple. L'expression signifie : faire en sorte d'être au meilleur de sa forme afin de jouer au meilleur niveau possible. En entreprise, elle sera généralement utilisée la veille d'une réunion avec un gros client, d'une négociation ou d'un évènement important. N'oubliez pas votre petit déjeuner de champion.

> ***Bring your A-game tomorrow Pete.***
> Je te veux en pleine forme demain Pete.

3. I've got it on my radar

« *Be under the radar* » c'est « passer sous le radar », donc ne pas être détecté. « *I've got in on my radar* » signifie « je suis au courant, je garde un oeil dessus ». C'est aussi une façon de souligner qu'on est au fait d'une situation surtout quand on reçoit des directives professionnelles. Comme la plupart d'entre nous ne sommes pas membres de l'armée, son utilisation dans un contexte professionnel peut sembler dérisoire.

– Cathy, are you aware we have a new competitor?

– They're on my radar, Mickey.

– Cathy, tu es au courant que nous avons un nouveau compétiteur ?

– Je les ai à l'oeil, Mickey.

2. Let's touch base

Purement américaine, cette expression a traversé l'Atlantique et s'est douillettement installée en Angleterre. Elle est issue du baseball, où les joueurs doivent toucher tous les buts (« *touch all bases* ») pour frapper un coup de circuit (« *home run* »). On l'utilise aujourd'hui à la place de « *get in touch* », c'est-à-dire être en contact. Parce ce qu'on le vaut bien.

1. Thinking outside the box (v), Blue-sky thinking (n)

Ces deux expressions trônent sur ce palmarès en reines incontestées du jargon d'entreprise.

Elles signifient réfléchir de façon créative, en sortant des sentiers battus. « *Thinking outside the box* » est l'une des expressions les plus rabâchées, au point qu'il est difficile de la prononcer en réunion sans provoquer de ricanements.

Guys, we have to solve this. Come on, think outside the box.

Les gars, on doit résoudre ça. Allez, soyez créatifs.

« *Blue-sky thinking* » est similaire, quoiqu'encore plus improbable, puisque « *blue sky* » signifie ciel bleu. Le tout peut se traduire littéralement par « réflexion ciel bleu ». Son étymologie est incertaine ; peut-être fait-elle allusion à une pensée libérée des contraintes terrestres, avec le ciel pour seule limite ? Ses airs poétiques ne lui rendent pas service dans un monde professionnel gris taupe, dans lequel elle est utilisée ad nauseum.

> ***We had a blue-sky thinking session that lasted 4 hours. I'm knackered.***
> On a eu une session de remue-méninges qui a duré 4 heures. Je suis morte.

PRIX DU JURY - L'INCLASSABLE

« The wow factor » (n) Ce truc en plus qui fait toute la différence, qu'on ne peut pas définir mais qui surprend et impressionne dès le premier coup d'œil. Le client n'arrive pas à mettre le doigt dessus, mais il sait qu'il le veut. Une perle inquantifiable, indescriptible, souvent insaisissable.

> ***I like it, I mean it's OK, but it doesn't have the wow factor. You know want I mean?***
> J'aime bien. Je veux dire, c'est pas mal, mais ça ne m'en bouche pas un coin. Tu vois ce que je veux dire ?

LES HUMORISTIQUES

« Le cerveau est un organe merveilleux. Il se met en marche au moment où vous vous réveillez et s'arrête au moment précis où vous arrivez au bureau. »

"The brain is a wonderful organ. It starts working the moment you get up in the morning and does not stop until you get into the office."

Robert Frost

Ces expressions humoristiques ne sont pas nécessairement les plus intégrées dans le monde du travail, mais elles font leur petit bonhomme de chemin et méritent certainement le détour.

Desk Jockey

Un jockey de bureau. Une personne avec un job plutôt médiocre, coincée derrière son ordinateur toute la journée. Bref, quasiment tout le monde.

Alpha geek

Une variante de « *alpha male* » (mâle dominant). L' « *alpha geek* » est le type qui, au sein d'un bureau ou d'un groupe, est le plus balaise en informatique et sait parler aux ordinateurs. Le *geek* dominant.

Dead Tree Edition

L'édition « arbre mort », c'est la version papier d'un ouvrage. C'est la version politiquement incorrecte de « *hard copy* » (qui s'oppose à « *e-copy* », ou version électronique).

Cube farm / Sea of cubicles

Un « *cubicle* » est un bureau à cloisons, ou poste de travail modulaire. C'est une solution moderne, laide et peu coûteuse pour donner à chaque employé un semblant d'intimité (elle empêche surtout les bavardages intempestif). L'expression ironique « *Cube farm* » compare ces postes de travail à un élevage de masse. La seconde, « *Sea of cubicles* », les dépeint comme un océan.

Blamestorming (Am)

Calquée sur le terme « *brainstorming* » (remue-méninges, ou lorsqu'un groupe essaie de résoudre un problème de façon collaborative, en contribuant des idées). « *Blamestorming* » part du même principe, sauf qu'il s'agit, au lieu de trouver une solution, d'identifier un bouc émissaire (« *blame* » signifie « accuser »). Un lynchage moderne et organisé, en somme.

404

Prononcé « *for ow for* ». Se dit à propos d'une personne paumée, dépassée par ce qui l'entoure. Le terme provient du message d'erreur informatique : « 404 Page non trouvée », qui s'affiche lorsqu'un lien ne marche pas ou qu'un document n'est plus accessible.

Egosurfing

« Se Googler », surfer le web dans le but de trouver des information sur soi.

Mouse Potato

Un paresseux de la souris. La réponse de la génération « en ligne » à l'expression « *couch potato* ».

Salmon Day

« Une journée saumon ». Cette expression signifie : passer sa journée à nager à contre-courant… pour se faire entuber à la fin.

Stress Puppy

Quelqu'un qui semble ne pouvoir vivre qu'en état de stress permanent et qui s'en plaint constamment.

Go postal (Am)
Cette expression signifie perdre les pédales, le plus souvent dans un environnement professionnel et désigne un accès de rage sous l'effet du stress. Calquée sur la structure de « *going crazy* » (péter un cable) elle est née suite à une série d'incidents, dans les années 1980, qui ont vu des employés du service postal gouvernemental américain (USPS) massacrer leurs dirigeants et leurs collègues dans un accès de rage. Une origine glauque, mais l'expression vaut son pesant de cacahuètes.

Visual noise
« Bruit visuel ». L'expression désigne l'effet d'un bureau tellement encombré qu'il est impossible de s'y concentrer et de travailler de manière efficace.

LES JOURS DE LA SEMAINE

Monday blues La déprime du lundi, un symptôme universel.

Thank God it's Friday Dieu merci, c'est vendredi !

Happy Friday! Une expression que l'on entend de plus en plus. Les collègues se souhaitent un « joyeux vendredi » pour signaler l'arrivée du weekend, qu'ils finissent souvent par célébrer dans un pub après le boulot.

#7

Humeurs & Sentiments

L'ENNUI

« Raseur, n : Personne qui parle quand vous souhaitez qu'elle écoute. »

"Bore, n : A person who talks when you wish him to listen."

Ambrose Bierce

I don't want to spend Christmas with him. He's a bore!

Je ne veux pas passer Noël avec lui. Il est rasoir !

Do we have to go to their wedding? It's such a drag!

Est-ce qu'on est obligé d'aller à leur mariage ? C'est relou !

I'm not going to Tom's party tomorrow. Last year it was a major snorefest.

Je ne vais pas à la soirée de Tom demain. L'année dernière, c'était d'un ennui mortel.

A « *snorefest* » (ou « *snoozefest* ») c'est, littéralement, un festival de ronflements. « *Fest* » est l'abréviation de « *festival* », « *snore* » veut dire ronfler, et « *snooze* », « faire un petit somme ».

I didn't like her dress. I thought it was blah.

Je n'ai pas aimé sa robe. Je l'ai trouvé très lambda.

S'il s'agit d'une personne, « *blah* » signifie : à plat, blasé, pas inspiré. S'il s'agit d'une chose, c'est : fade, rien de spécial. Bon à savoir : « *Blah-Blah* » est l'onomatopée équivalente à blablabla en Français.

He was OK in bed, but he's too vanilla for me.

Il était décent au lit, mais il est trop ordinaire pour moi.

« *Vanilla* » signifie : pas excitant, commun, conventionnel.

L'ARROGANCE

> *« Je ne suis pas un snob. Demandez à n'importe qui. Enfin, à n'importe qui qui compte. »*
> *"I'm not a snob. Ask anybody. Well, anybody who matters."*
>
> Simon Le Bon

Cocky (adj) Arrogant, trop sûr de soi.

Don't be so cocky. I haven't given you my number yet.

Te la pète pas. Je ne t'ai pas encore donné mon numéro.

Smug (adj) Suffisant, content de soi

I want to punch him whenever I see that smug smile on his face.

J'ai envie de le cogner à chaque fois que je vois son sourire prétentieux.

Snob (n) Snob

I'll tell you why you never take the bus. Because you're a snob.

Je vais te dire pourquoi tu ne prends jamais le bus. Parce que t'es un snob.

Show-off (n) (v) Frimeur, ou frimer.

Stop showing off, nobody cares about your new ride.

Arrête de te la péter, tout le monde s'en fout de ta nouvelle bagnole.

Poser (n) Poseur, une personne affectée.

I hate posers. They try too hard.

Je déteste les poseurs. Ils en font des tonnes.

Snotty
Stuck up (adj) Prétentieux, guindé, qui se croit supérieur. Bêcheur

He made a snotty remark about my neighbourhood.

Il a fait une remarque méprisante à propos de mon quartier.

Brag
Boast (v) Se vanter, faire le fanfaron

He's always bragging about how much money he has.

Il est toujours là à se vanter de sa fortune

Take someone down … **a notch**
a peg or two

Remettre quelqu'un à sa place, le faire descendre d'un cran (« *notch* »).

I wish someone would take him down a peg or two. He is so full of himself.

J'aimerais que quelqu'un le remette à sa place. Il est tellement imbu de lui-même.

DE LA FOLIE

> *« La folie est formidable, je vous assure, et on ne doit pas la regarder de haut. »*
>
> *"Madness is terrific I can assure you, and not to be sniffed at."*
>
> Virginia Woolf

Zany
Kooky
Dotty (Brit) Loufoque. Le groupe de rock indé « *the kooks* » s'appelle en somme « les barjes ». « *Zany* » a un peu vieilli, et « *dotty* » est typiquement anglais.

He's a kooky old man.

C'est un vieil homme excentrique.

Don't worry about her, she's a bit dotty.

T'en fais pas pour elle, elle est un peu zinzin.

Quirky Excentrique, mais avec une connotation positive (un « *quirk* » est une excentricité, une manie). Etre « *quirky* », c'est plutôt cool.

> ***Zooey Deschanel is quirky, and her songs are fun.***
> Zooey Deschanel a un petit côté excentrique, et ses chansons sont sympas.

Loopy
Bonkers
Mad (Brit)
Crazy
Wacky
Nuts Fou, Cinglé, Toqué, Frappé, Excentrique.

> ***He's a bit loopy.***
> Il est un peu toqué.
> ***He's completely bonkers.***
> Il est complètement barré.
> ***She's nuts. She scares me a little.***
> Elle est cinglée. Elle me fait un peu peur.

Bon à savoir : Aux Etats-Unis, « *mad* » veut dire « en colère ».
Are you mad at me? = Est-ce que tu m'en veux?
Please don't get mad = S'il te plait, ne te mets pas en colère.
« *Crazy* » est l'équivalent américain du « *mad* » britannique.

Nutcase
Head case
Nutter (brit) / (n) Malade, fou furieux.

> ***He jumped out of his first floor window because he thought it was fun. What a nutcase.***
> Il s'est jeté de sa fenêtre au premier étage parce qu'il trouvait ça amusant. C'est un fou furieux.
> ***Jake was a headcase. I hope my next boyfriend is normal.***
> Jake était un vrai tarré. J'espère que mon prochain copain sera normal.

La ménagerie

L'anglais est une vraie ménagerie, avec moult expressions impliquant des noms d'animaux.

Make an ass of onseself Se conduire comme un idiot, se rendre ridicule.

Have a bee in one's bonnet Etre préoccupé ou obsédé par quelque chose.

The bee's knees Une personne (ou une chose) absolument géniale.

A social butterfly Quelqu'un de très sociable

Like the cat that got the cream (Brit), **Like the cat that ate the canary** (Am) Une personne qui a l'air particulièrement contente d'elle même ou de sa situation.

Run around like a headless chicken Courir dans tous les sens et ne plus savoir où donner de la tête

Crocodile tears Des larmes de crocodiles, autrement dit des larmes qui ne sont pas sincères, versées dans un but précis.

Have kittens Etre nerveux, sur les nerfs.

L'ÉTRANGE ET L'INQUIÉTANT

« Fou, mauvais, dangereux. »

"Mad, bad and dangerous to know"

Lady Caroline Lamb, après sa première rencontre avec Lord Byron.

Weirded out (adj) Un état de trouble légèrement mêlé de crainte. Un sentiment qu'on éprouve lorsque quelque chose de déroutant ou d'étrange (« *weird* ») se produit.

My boyfriend called me « mom » while we were making out. I'm still weirded out.

Mon copain m'a appelée « maman » pendant qu'on s'embrassait. Je suis encore un peu sonnée.

Freaky (adj) Etrange d'une façon inquiétante

Look at that freaky guy over there.

Regarde ce type chelou là bas.

Creepy (adj) Inquiétant et/ou effrayant. Qui donne la chair de poule. Un « *creep* » est une personne à la fois déplaisante et irritante, voire répugnante.

« *Give somebody the creeps* », c'est faire froid dans le dos.

This old house is giving me the creeps. Let's get out of here.

Cette maison me donne la chair de poule. Viens, on se tire.

God, that creep Tony tried to kiss me while we were dancing.

Mon dieu, Tony, ce sale type, a essayé de m'embrasser pendant qu'on dansait.

Shady
Shifty
Dodgy
Sketchy (adj) Louche, douteux, pas net, craignos.

Whatever you do, don't get in his car. He's a bit dodgy.

Quoique tu fasses, ne vas pas dans sa voiture. Il n'est pas net.

The backstreets of East London are a bit sketchy at night.

Les ruelles de l'est de Londres craignent un peu la nuit.

INCLASSABLES

...ish

Le suffixe suprême, qui rend tout mot approximatif. Veut dire : à peu près, plus ou moins. On l'emploie pour nuancer ses paroles, lorsqu'on n'est pas très convaincu pas ce qui est dit ou pour essayer d'atténuer le sens d'un mot (ou d'une phrase).

– Are you OK?
– OK...ish.
– Ca va ?
– Ca va à peu près.

They're nice...ish people.
Ce sont des gens potables.

Come over at 10...ish.
Viens vers 10 heures.

... from hell

L'extrême le plus négatif d'un évènement, d'une personne ou d'une chose.

My boss is the boss from hell.
Mon boss est un vrai cauchemar.

I had the holidays from hell. Everything that could possibly go wrong, went wrong.
J'ai passé des vacances infernales. Tout ce qui pouvait mal tourner a mal tourné.

Iffy

Incertain, hésitant. Peut exprimer un malaise physique ou caractériser le mauvais fonctionnement de quelque chose.

I'm iffy about it. Do you think I should come, or stay?
J'hésite un peu là dessus. Tu crois que je devrais venir, ou rester ?

I'm feeling a bit iffy all of a sudden.
Je me sens un peu bof tout à coup.

DE MAUVAIS POIL

Bummed
Gutted (adj) Dégouté (dans le sens de : déçu, dépité)

I'm so bummed he couldn't make it.
Je suis dégouté qu'il n'ait pas pu venir.
I failed my driving test again. Gutted!
J'ai encore raté mon test de conduite. Dég !

Bummer (n) Une mauvaise expérience. « *A bummer* » pourrait se traduire ça par « quelle poisse ».

The car broke down, again. What a bummer.
La voiture est à nouveau en panne. Quelle galère.

Lousy
Crappy
Shitty (adj) Nul, pourri, merdique.

Don't go there. It's a lousy restaurant.
N'y va pas. C'est un resto pourrave.
I've had such a crappy day.
J'ai passé une journée vraiment merdique.
What a shitty thing to say!
C'est vraiment naze de dire ça !

Be underwhelmed Etre déçu, pas impressionné.

The audience was underwhelmed by the movie.
Le public n'était pas particulièrement impressionné par le film.

Annoyed
Fed up
Peeved
Ticked off
Miffed (adj) Irrité, agacé, énervé

> ***I'm annoyed he didn't tell me sooner.***
> Je suis agacée qu'il ne me l'ait pas dit plus tôt.
> ***Get the hell out, I'm fed up with you.***
> Fous le camp, tu me saoules.
> ***He was really peeved when they cancelled the show.***
> Il s'est mis en rogne quand ils ont annulé le spectacle.

Pissed (Am)
Pissed off (Brit) (adj) Plus fort que « *annoyed* », « *pissed off* » exprime une irritation proche de la colère. C'est aussi le plus familier du lot.

> ***Dad was pissed off when mom said he couldn't watch the football.***
> Papa était hyper énervé quand maman lui a dit qu'il ne pouvait pas regarder le match de foot.

I've had it
I've had enough
I'm sick and tired of J'en ai marre, J'en ai assez de…

> ***I'm sick and tired of your stupid comments, Laura.***
> J'en ai ma claque de tes commentaires stupides, Laura.

Cranky
Crabby
Tetchy (adj) Irritable, revêche, de mauvais poil

> ***Cheer up, don't be so cranky.***
> Déride-toi, sois pas de mauvais poil.
> ***Our next door neighbour is a crabby old man.***
> Notre voisin est un vieil homme revêche.

Get on someone's nerves
Push someone's buttons (v) Agacer quelqu'un

This guy has been yelling on his phone for the past 15 minutes. He's starting to get on my nerves.

Ce type gueule sur sont téléphone depuis 15 minutes. Il commence vraiment à me taper sur les nerfs.

ONDES POSITIVES

« Je suis une sorte de paranoïaque inversé. Je soupcçonne les gens de comploter pour me rendre heureux. »

"I am a kind of paranoid in reverse. I suspect people of plotting to make me happy."

J.D. Salinger

It's … **rad** (Am)
gnarly (Am)
badass (Am)
off the hook
fucking awesome Ca déchire

I'm … **juiced** *… to see you* Je suis hyper excité de te voir
psyched

I'm … **walking on air**
on cloud nine
over the moon Je suis sur un nuage

***An Oscar… Wow, what can I say. I'm* chuffed** (Brit)

Un Oscar… Wow, je sais pas quoi dire. Je suis aux anges.

« *To be chuffed* », c'est être vachement content ou fier de soi.

***I don't know how he does it, but he always* cracks me up.**

Je ne sais pas comment il fait, mais il me fait toujours mourir de rire.

« *Crack someone up* » c'est faire rire quelqu'un, et « *to crack up* » c'est se tordre de rire/ se pisser dessus.

***I don't know what to say, I'm* gobsmacked.**

Je ne sais pas quoi dure, je suis scotchée.

I scored 3 times!* Eat your heart out, *David Beckham!

J'ai marqué 3 buts ! Crève de rage, David Beckham !

« *Eat your heart out* » est une exclamation (quelque peu emphatique, puisqu'elle veut littéralement dire: « bouffe ton cœur ») humoristique et vantarde que l'on adresse à quelqu'un (présent ou pas) lorsqu'on est content de soi, et qui implique que cette a personne du souci à se faire car elle a de la compétition.

Cheer up, *love.* (Brit)

Déride-toi, ma belle.

« *To cheer someone up* » c'est redonner le moral à quelqu'un. En Angleterre, de parfaits inconnus vous appelleront « *love* », une forme de salutation bienveillante et répandue. Vous aurez probablement droit à un « *Hello, love!* » (prononcé :'ello, love).

EN PETITE FORME

« L'hypocondrie est la seule maladie que les hypocondriaques croient qu'ils n'ont pas. »

"Hypochondria is the only disease hypochondriacs don't think they have."

Fred Metcalf

I'm feeling* under the weather *today.

Je ne suis pas en forme aujourd'hui.

« *Under the weather* » signifie malade ou épuisé.

I feel* rough*. I hope I'm not getting ill.

Je me sens patraque. J'espère que je ne suis pas en train de tomber malade.

I am completely **... wiped out**

... zonked (out)

... wrecked

... beat (Am)

... knackered (Brit)

... shattered (Brit) (adj)

Je suis à bout de forces / crevé / claqué / complètement mort.

Bon à savoir : « *wrecked* » et « *zonked* » ont aussi le sens de « bourré » ou « défoncé ».

Tom, stop* moaning*, will you?

Tom, arrête de geindre, tu veux bien?

She is so* whiney*, it really gets to me.

C'est une vraie pleurnicharde, ça commence à me courir.

What a* cry-baby*...

Quel grand bébé...

***She looked like she was having a* meltdown.**

Elle avait l'air d'être en pleine crise de nerfs.

He's been* down in the dumps *since she left him.

Il est au fond du gouffre depuis qu'elle l'a quitté.

He's all* doom and gloom*. Talk about a glass half-full.

C'est une vraie Cassandre. Tu parles d'un verre à moitié plein.

« *Doom and gloom* » s'applique à des situations qui semblent sans espoir ou à des pessimistes qui prévoient toujours le pire.

COLÈRE NOIRE

> *« Quand vous êtes en colère, comptez jusqu'à quatre. Quand vous êtes très en colère, jurez. »*
> *"When angry, count to four. When very angry, swear."*
>
> Mark Twain

He likes to pretend he doesn't care, but he* lost his cool *when I told him I kissed another guy.

Il aime donner l'impression d'être en contrôle, mais il a perdu son sang froid quand je lui ai dit que j'avais embrassé un autre homme.

« *Lose your cool* », c'est perdre votre sang froid, et « *keep your cool* » c'est rester calme.

He ... **flipped out**
freaked out
wigged out
went crazy
lost it
lost the plot (Brit)
snapped Il a pété un câble/ les plombs.

It's not the end of the world, no need to* bite my head off*!

C'est pas la fin du monde, pas la peine de me voler dans les plumes !

« *Bite someone's head off* », c'est engueuler quelqu'un, réagir de façon brutale et excessive. S'utilise généralement quand la réaction de la personne n'est pas proportionnelle à la faute commise.

Sarah practices her violin 2 hours a day. She's* driving me up the wall*!

Sarah s'exerce au violon 2 heures pas jours. Elle est en train de me rendre dingue.

She … went ballistic … when I told her I broke her PS3.
threw a wobbly
had a fit
hit the roof
went mental (v)

Elle … a piqué une crise … quand je lui ai dit que j'avais cassé sa PS3.
est sortie de ses gonds
est entrée dans une colère noire
est devenue folle

I'm at the end of my tether!

Je suis au bout du rouleau !

I'm gonna take you down!

Je vais te démolir !

Le coin technicolor

POUR DIRE LES CHOSES EN COULEURS

In the pink

En très bonne santé

Green with envy

Vert de jalousie

See red

Voir rouge

Feel blue

Avoir le cafard

Black and blue

Couvert de bleus

White lie

Littéralement, c'est un « mensonge blanc ». L'expression désigne un mensonge inoffensif – un mensonge qui n'a pas pour but de faire du mal mais d'épargner les sentiments de quelqu'un ou d'éviter des problèmes.

SOUS PRESSION

« Les animaux de compagnie sont d'un grand secours en période de stress. Et en période de famine aussi, bien entendu. »

"Pets are always a great help in times of stress. And in times of starvation too, o'course."

Terry Pratchett

I couldn't care less Je m'en fiche.

I don't care that he's coming with his new girlfriend. Really, I couldn't care less.

Je m'en fiche qu'il vienne avec sa nouvelle copine. Vraiment, j'en ai rien à battre.

On edge (adj) Sur les nerfs, tendu.

I'm getting my test results tomorrow. Needless to say I'm a little on edge.

Je reçois les résultats de mes exams demain. Autant dire que je suis un peu sur les nerfs.

Jittery (adj) Nerveux, anxieux.

I can't help it. I always get jittery when I speak in public.

Je n'y peux rien. Je suis toujours nerveux quand je parle en public.

Get a grip
Pull oneself together Se reprendre en main.

I know he's been through a lot, but it's time for him to get a grip!

Je sais qu'il en a vues de toutes les couleurs, mais il est temps qu'il se reprenne en main !

Lighten up! « Arrête de te prendre la tête ! » L'idée est de se décrisper, de moins se prendre au sérieux.

Why so serious? Lighten up!
Pourquoi cet air sérieux ? Détends-toi !

DIRE LES CHOSES COMME ELLES SONT

> ***« Un gentleman est quelqu'un qui ne blesse jamais les sentiments d'autrui sans le faire exprès. »***
> *"A gentleman is one who never hurts anyone's feelings unintentionally."*
>
> Oscar Wilde

Get over it! Cette interjection signifie : Arrête de faire des histoires. Elle s'emploie lorsque quelqu'un refuse de lâcher un sujet, dont il ne se remet pas.

This happened 3 years ago. You have to get over it!
C'est arrivé il y a trois ans. Tu dois t'en remettre !

Suck it up!
Deal with it! Plus ou moins synonymes de « t'as qu'à faire avec », et « assume ». S'emploient quand vous en avez marre d'entendre quelqu'un se morfondre.

You broke up, it's hard, we get it, but stop being a cry-baby and deal with it!
Vous avez rompu, c'est dur, on comprend, mais arrête de faire le bébé et fais avec !

She doesn't like you, big deal. Suck it up, and be a man about it!
Elle ne t'aime pas, c'est pas la fin du monde. Ecrase, et comporte toi comme un homme !

Burst someone's bubble C'est littéralement « faire éclater la bulle de quelqu'un », c'est à dire briser leurs illusions ou donner un coup à leur moral en leur apprenant quelque chose.

> ***I hate to burst your bubble, but you'll never get into Oxford.***
> Ca ne me fait pas plaisir de te ramener sur terre, mais tu ne seras jamais admis à Oxford.

Rain on someone's parade Une expression imagée qui évoque un défilé ou une procession gâchés par la pluie. Elle signifie: jouer les trouble-fêtes, gâcher le plaisir de quelqu'un.

> ***Stop arguing! It's my birthday, I don't want anyone to rain on my parade.***
> Arrêtez de vous disputer ! C'est mon anniversaire, et je refuse que qui que ce soit joue les rabat-joies.

Give someone a reality check Faire redescendre quelqu'un sur terre.

> ***Rich people could certainly use a reality check.***
> Les gens riches ont besoin d'un rappel à l'ordre.

Le coin des Gourmets

Les gens affamés sont souvent irascibles, le chocolat rend aimable, un ventre plein est un ventre heureux… La nourriture et les humeurs vont souvent de paire, dans la vie comme dans le langage :

Give someone food for thought Donner matière à réfléchir à quelqu'un

Butter someone up Caresser quelqu'un dans le sens du poil.

Cool as a cucumber Etre d'un calme à toute épreuve.

Eat humble pie Faire amende honorable

Tread of eggshells Marcher sur des oeufs

Go bananas Piquer une crise

The apple of my eye La prunelle de mes yeux

A big cheese Un gros bonnet (une personne influente)

A bad egg Un mauvais bougre (une personne qui n'est pas digne de confiance).

Like a fish out of water Comme un poisson hors de l'eau (mal à l'aise, dans une situation inconfortable)

A couch potato Se dit de quelqu'un de mou qui aime s'abrutir devant la télé.

You can't have your cake and eat it On ne peut pas avoir le beurre et l'argent du beurre.

Bite off more than you can chew Avoir les yeux plus gros que le ventre

That takes the biscuit (Brit) **/ That takes the cake** (Am) C'est le pompon!

SE DÉFOULER, SE DÉTENDRE

Chillax (v)
Fusion de « *relax* » et « *chill* », tous deux synonymes de se détendre.

Kick back (v)
Se la couler douce

Take a chill pill (v)
Une métaphore qui signifie : décompresse. (« *pill* » signifie pilule)

Take the edge off (v)
Apaiser, calmer, atténuer quelque chose. A la fin d'une longue journée de travail, un petit verre de vin vous aidera, par exemple, à « *take the edge off* ».

Blow off some steam (v)
Se défouler, relâcher la pression, souvent à travers une activité physique.

Let one's hair down (v)
Cette expression n'est pas à prendre au sens littéral: elle se traduit pas « détacher ses cheveux » et signifie : agir de façon désinhibée, se lâcher.

Vent (s)
Se défouler en s'épanchant, relâcher le stress en parlant.

CES GENS AGAÇANTS

> ***« Mr. Collins était dépourvu d'intelligence, et ni l'éducation, ni l'expérience ne l'avaient aidé à combler cette lacune de la nature. »***
>
> *"Mr. Collins was not a sensible man, and the deficiency of nature had been but little assisted by education or society."*
>
> Jane Austen

Joanna is so uptight. I wonder what she's like after a few drinks.
Joanna est tellement coincée. Je me demande comment elle est après quelques verres.

Our teacher is really anal about the rules.
Notre prof est vraiment pointilleux quand il s'agit des règles.
« *To be anal about* » (terme péjoratif) c'est être chichiteux, ou porter un attention très marquée aux détails.

Brad is stingy, he never buys anyone drinks.
Brad est radin, il n'achète jamais de verres à personne.

She will never let you copy her homework, she's too much of a goody two shoes.
Elle ne te laissera jamais copier ses devoirs, c'est une vraie petite fille modèle.
Un(e) « *Goody-two-shoes* » est une personne très à cheval sur la morale et qui agit toujours selon les règles, au point d'irriter son entourage.

– Bill got a new job? He must have been the only person to apply for it.
– Don't be such a hater Kate. It's great news!

– Bill a eu un nouveau job? Il doit être le seul à avoir envoyé sa candidature.
– Ne sois pas si mauvaise, Kate. C'est une super nouvelle!

« *Hater* » vient du verbe « *hate* » (detester). Un « *hater* » (prononcé : heyteur) est une personne qui ne se réjouit jamais du bonheur des autres, a la critique facile et tourne systématiquement le positif en négatif.

Reality TV stars are fame whores.

Les stars de télé-réalité sont assoiffées de célébrité.

« *Fame whore* » désigne une personne prête à tout pour devenir célèbre. (« *Fame* » signifie célébrité et « *whore* » veut dire prostituée).

Don't be such a fusspot. It's very good the way it is.

Arrête de faire l'enquiquineur. C'est très bien comme c'est.

« *Fusspot* » se dit de quelqu'un qui fait toujours des histoires et qui est chichiteux.

Leave the poor boy alone! You're too pushy!

Laisse ce pauvre garçon tranquille! T'es toujours sur son dos !

« *Pushy* » s'applique aux personnes trop insistantes ou envahissantes.

I wouldn't rely on him if I were you. He's a flaky character.

Je ne lui ferais pas confiance si j'étais toi. C'est un type peu fiable.

She definitely wears the pants in their relationship. Justin is such a doormat.

C'est clairement elle qui porte le pantalon dans leur couple. Justin est une vraie carpette.

Un « *Doormat* » (paillasson) ou « *pushover* » est une personne qui se laisse facilement dominer.

You lost your keys again? What a scatterbrain.

Tu as encore perdu tes clefs? Quelle tête an l'air.

She's not as **ditsy** as she looks.
Elle n'est pas aussi écervelée qu'elle en a l'air.

Teenagers are so **pig-headed**.
Les adolescents sont de vraies têtes de cochons.

What a bunch of **wankers**.
Quelle bande de branleurs.

Come on Gary don't be such a wuss. Show him what you're made of!
Allez Gary, sois pas une mauviette. Montre lui de quel bois tu te chauffes !

Chickenshit
Pussy
Wuss
Wimp (n) Un trouillard, une poule mouillée, une mauviette
Chickenshit (adj) Dégonflé

Did you hear her read her love poem to Rosemary? It was cringeworthy!
Tu l'as entendue lire son poème d'amour à Rosemary ? Je ne savais plus où me mettre!
Une personne ou un évènement sont « *cringeworthy* » quand ils vous hérissent ou qu'ils vous donnent l'envie de vous enfoncer six pieds sous terre.

Don't be so touchy! It was only a joke!
Ne sois pas si susceptible, c'était une blague !

She's really clever, I feel like a nitwit whenever I talk to her.
Elle est tellement futée, je me sens comme un abruti chaque fois que je lui parle.
« *Dimwit* » et « *numskull* » sont des synonymes de « *nitwit* ». Ils signifient « imbécile ».

Stop* badgering *me! I said I'll do it!

Fiche moi la paix ! J'ai dit que je le ferai !

« *Badger* » et « *pester* » veulent tous deux dire « harceler ».

Why are you being so* bitchy *to him?

Pourquoi t'es si vache avec lui ?

Etre « *bitchy* », c'est se montrer vache, cassant(e), irritable.

Coup de projecteur sur BITCH

Bitch (n) Garce. S'utilise surtout comme insulte (« stupid bitch », « selfish bitch », « fucking bitch » étant les plus répandues), mais aux Etats-Unis, vous entendrez parfois des amies s'appeler « bitch » entre elles.

I asked her a question and she pretended not to hear. What a bitch.

Je lui ai posé une question et elle a fait semblant de ne pas m'entendre. Quelle pétasse.

Hello bitches, how are you doing today?

Salut les pouffes, comment ça va ?

Son of a bitch Fils de pute

Be someone's bitch Etre surbordonné à quelqu'un.

– I'm thirsty, get me a glass of water.

– I ain't your bitch! Go get it yourself!

– J'ai soif, apporte moi un verre d'eau.

– Je suis pas ton esclave ! Vas-y toi-même !

To bitch about (v) Peut avoir deux sens : se plaindre de quelque chose ou dire du mal de quelqu'un.

Whenever I see them, they're bitching about their working conditions.

A chaque fois que je les croise, ils sont en train de rouspéter à propos des conditions de travail.

I really enjoy bitching about my ex. I always feel so much lighter afterwards.

J'adore dire du mal de mon ex. Je me sens toujours beaucoup plus légère après.

Life is a bitch Chienne de vie.

Comme dans l'expression ci-dessus, « *a bitch* » peut désigner une corvée, un fardeau, quelque chose de désagréable.

> ***Studying for exams is such a bitch.***
> Réviser pour les exams fait vraiment chier.

Bitch slap (v) (n) Mettre une claque à quelqu'un dans le but de le remettre à sa place, de l'humilier. S'utilise aux sens propre et figuré.

> ***Sam was out of control and Sonia bitch-slapped her.***
> Sam était incontrôlable et Sonia lui a foutu une claque.
> ***Trade unions got yet another bitch-slap from the corporate world.***
> Le monde « *corporate* » a encore fait un coup de pute aux syndicats.

nomad
éditions

32, rue Paul Belmondo - 75012 Paris

Editeur: François Firmin
Imprimeur : Darantiere
N° d'impression : 12-0209

Dépôt légal à parution
ISBN 978-2-36532-007-8